TRAINING

FACHOBERSCHULE · BERUFSOBERSCHULE

Lehmann • Schmidt

Physik
Wechselstromwiderstände,
Mechanische Schwingungen, Impuls

Grundlagen und Aufgaben
mit Lösungen

STARK

Bildnachweis

Umschlagbild: © Photographer: Scott Maxwell/Agency: Dreamstime.com

S. 82: aus: Kovacic, Anton: *Sportschießen für jedermann*. Niedernhausen/Taunus: Falken 1980, S. 14 und 35

S. 88: © Birkner, Dieter: *Tennisregeln leicht verständlich*. 2. Auflage, München: BLV 1991, S. 86

Der Verlag hat sich bemüht, die Urheber der in diesem Buch abgedruckten Abbildungen ausfindig zu machen. Wo dies nicht gelungen ist, bitten wir diese, sich ggf. an den Verlag zu wenden.

ISBN-13: 978-3-89449-117-8

ISBN-10: 3-89449-117-5

Inhalt

Fortsetzung nächste Seite

Autoren: Eberhard Lehmann, Friedrich Schmidt

Vorwort

Liebe Schülerin, lieber Schüler,

dieser Band stellt Ihnen Arbeitsunterlagen zur Verfügung, die Sie **unterrichts-begleitend** einsetzen und zur Vorbereitung auf die **Abschlussprüfung** an der Fachoberschule bzw. der Berufsoberschule verwenden können. Dabei hilft Ihnen der systematische Aufbau des Buches:

- **Anschauliche Experimente** vermitteln Interesse und Freude am Lernen und erleichtern Ihnen das Verständnis der verschiedenen Stoffgebiete.
- Die **übersichtliche Darstellung des Versuchsaufbaus** ermöglicht es Ihnen, die Experimente problemlos nachzuvollziehen.
- **Einfache Prinzipskizzen** helfen Ihnen, sich auch kompliziertere Abläufe gut einzuprägen.
- **Messprotokolle** und deren grafische oder rechnerische Auswertung führen Sie schrittweise zum Verständnis physikalischer Begriffe und Gesetzmäßigkeiten.
- Sämtliche Aufgaben sind mit **ausführlichen Lösungen** versehen, die Ihnen die selbstständige Kontrolle Ihres Lernfortschritts ermöglicht.

Wir wünschen Ihnen viel Erfolg bei der Arbeit mit diesem Buch.

Eberhard Lehmann   Friedrich Schmidt

Wechselstromwiderstände

Sinusförmige Wechselspannungen finden in der Technik häufig Anwendung. Für die grafische Darstellung verwendet man Zeiger- und Liniendiagramme.

1   Zeiger- und Liniendiagramme

Die Darstellung einer Sinusfunktion $f(t) = A \sin(\omega t + \varphi_0)$ in einem t-y-Diagramm nennt man Liniendiagramm.

Jede Sinusfunktion $f(t) = A \sin(\omega t + \varphi_0)$ lässt sich als Projektion einer Kreisbewegung mit konstanter Winkelgeschwindigkeit ω darstellen. Dabei ist die Amplitude A gleich dem Radius r der Kreisbahn. Man lässt einen Pfeil der Länge A, den Zeiger, mit der Winkelgeschwindigkeit ω um den Ursprung eines x-y-Koordinatensystems rotieren und erhält aus seiner Projektion auf die y-Achse zu einem beliebigen Zeitpunkt t_1 den Funktionswert $f(t_1)$. φ_0 heißt Phasenwinkel zur Zeit $t = 0\,\text{s}$.

Die Darstellung des Zeigers im x-y-Diagramm zum Zeitpunkt t_1 wird Zeigerdiagramm genannt.

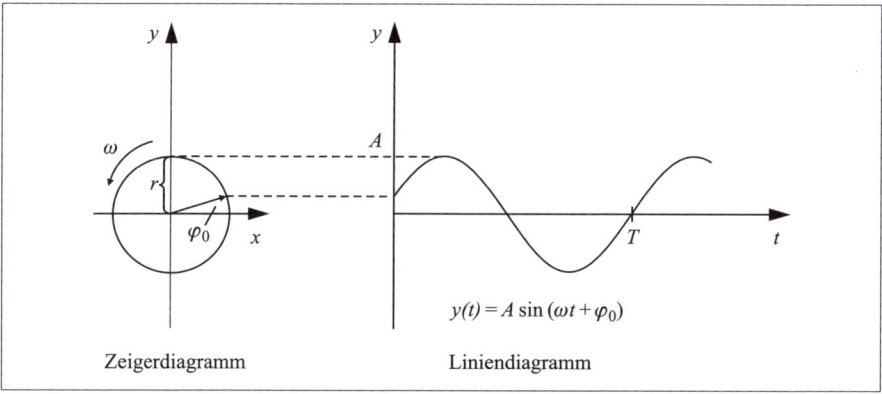

$$y(t) = A \sin(\omega t + \varphi_0)$$

Zeigerdiagramm   Liniendiagramm

2 Ohmscher Widerstand bei sinusförmiger Wechselspannung

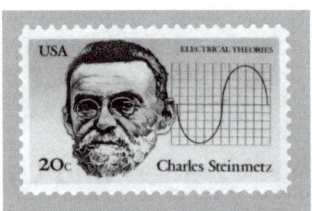

Charles Steinmetz (1865–1923), geboren in Breslau, seit 1902 Professor für Elektrotechnik in Schenectady (New York), bewältigte den Hauptanteil an der Beherrschung der Wechselstromtechnik. Er nutzte die Theorie der komplexen Zahlen, insbesondere das Zeigerdiagramm, für die Darstellung der Zusammenhänge in Wechselstromkreisen (1904).

Ein ohmscher Widerstand ist ein Verbraucher, dessen Induktivität L vernachlässigbar klein ist und der keine Möglichkeit zur Ladungsspeicherung bietet (vernachlässigbare Kapazität). Außerdem soll der Widerstandswert temperaturunabhängig sein. Diese Bedingungen werden z. B. von Kohleschichtwiderständen annähernd erfüllt.

Versuch 1:
Zeitlicher Verlauf von Strom und Spannung für kleine Frequenzen

Versuchsaufbau

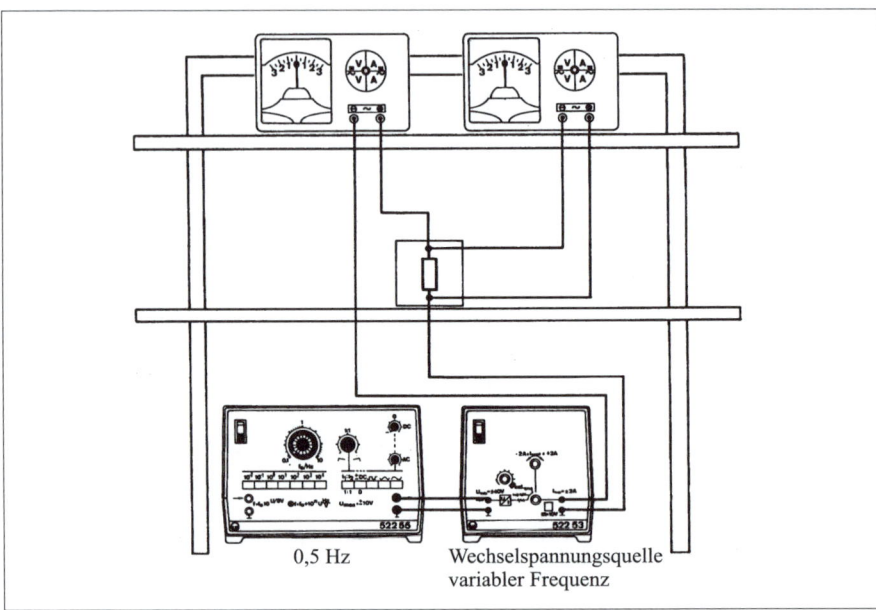

0,5 Hz   Wechselspannungsquelle
                variabler Frequenz

Schaltskizze

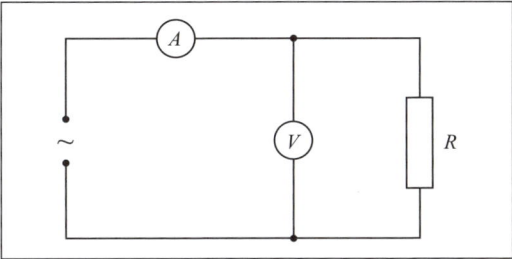

Versuchsdurchführung
Ein ohmscher Widerstand, dessen Widerstandswert sich in einem Gleichstrom-kreis zu R ergab, wird in einen Wechselstromkreis kleiner Frequenz geschaltet. Mithilfe eines Amperemeters und eines Voltmeters wird der zeitliche Verlauf von Strom und Spannung beobachtet. Außerdem werden die Maximalwerte von Strom-stärke und Spannung ermittelt.

Hinweis: Es ist sinnvoll, Messgeräte mit Nullpunkt Mitte zu verwenden. Auf die richtige Instrumentenpolung ist zu achten.

Ergebnis
Für den zeitlichen Verlauf von Strom und Spannung ergibt sich
$$I(t) = I_m \sin(\omega t)$$
bzw.
$$U(t) = U_m \sin(\omega t),$$
d. h. Strom und Spannung sind in **Phase.**
Der Quotient der Scheitelwerte $\frac{U_m}{I_m}$ entspricht dem Widerstandswert R.
Weiterhin gilt:
$$\frac{U(t)}{I(t)} = R = \text{konstant},$$
d. h. das Ohm'sche Gesetz ist auch im Wechselstromkreis gültig.
Bei größeren Frequenzen der anliegenden Wechselspannung werden Wechsel-strommessgeräte verwendet. Diese zeigen die Effektivwerte von Stromstärke und Spannung an. Ändert man die Frequenz der anliegenden Wechselspannung, so bleiben die Effektivwerte von Stromstärke und Spannung gleich. Es ist deshalb sinnvoll, den ohmschen Widerstand im Wechselstromkreis folgendermaßen fest-zulegen:

$$X_R = \frac{U_{eff}}{I_{eff}}$$

X_R wird auch **Wirkwiderstand** genannt, er ist frequenzunabhängig.

Es gilt:

$$X_R = \frac{U_{eff}}{I_{eff}}$$

$$X_R = \frac{\frac{U_m}{\sqrt{2}}}{\frac{I_m}{\sqrt{2}}}$$

$$X_R = \frac{U_m}{I_m}$$

d. h.

$$X_R = R \quad \text{(ohmscher Widerstand)}$$

Versuch 2: Zeitlicher Verlauf von Strom und Spannung für große Frequenzen

Versuchsaufbau

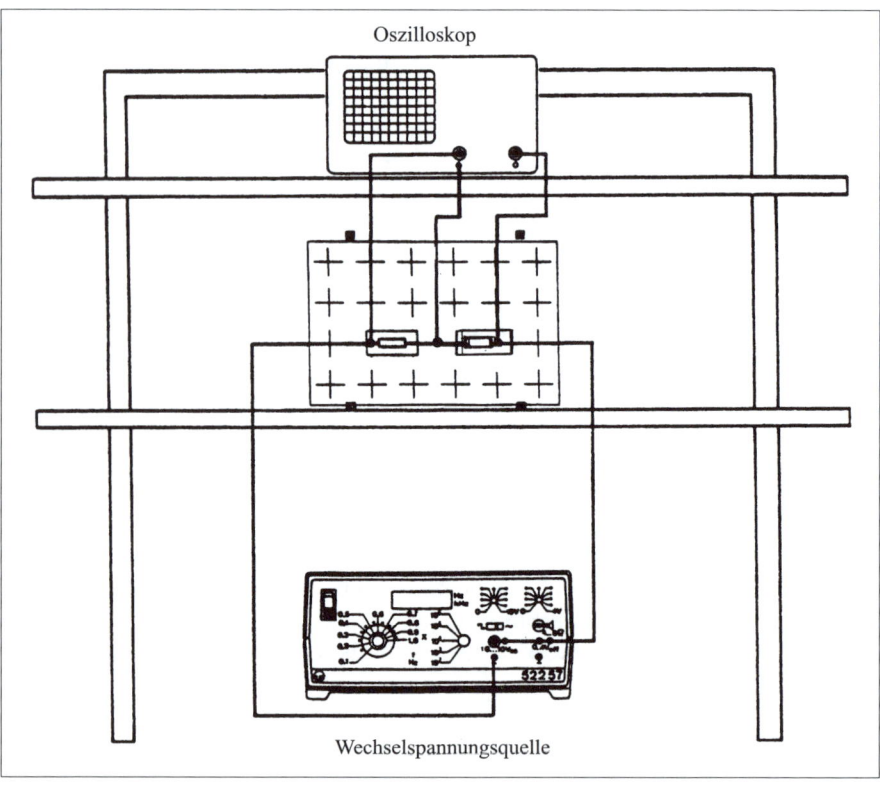

Oszilloskop

Wechselspannungsquelle

Schaltskizze

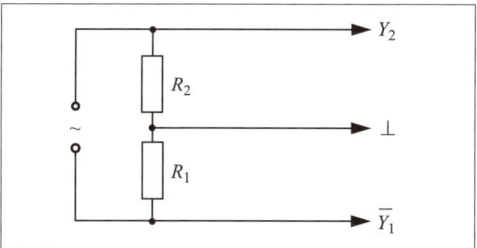

Versuchsdurchführung

An zwei in Reihe geschaltete Widerstände R_1 und R_2 wird eine sinusförmige Wechselspannung $U(t) = U_m \sin(\omega t)$ gelegt. Die zeitliche Abhängigkeit von Stromstärke und Spannung untersuchen wir mit einem 2-Kanal-Oszilloskop. Dazu wird der Spannungsabfall $U_1(t)$ an R_1 auf Kanal 1 und der Spannungsabfall $U_2(t)$ an R_2 auf Kanal 2 geschaltet. $U_1(t)$ kann nach dem Versuch auf Seite 3 als t-U-Diagramm gedeutet werden. Wegen der Gültigkeit des Ohm'schen Gesetzes ist der Spannungsabfall $U_2(t)$ proportional zur Stromstärke $I(t)$.

Es gilt:

$$U_2(t) = R_2\, I(t)$$

oder

$$I(t) = \frac{U_2(t)}{R_2}$$

d. h.

$$I(t) \sim U_2(t)$$

$U_2(t)$ kann deshalb als t-I-Diagramm gedeutet werden.

Liniendiagramm   **Zeigerdiagramm**

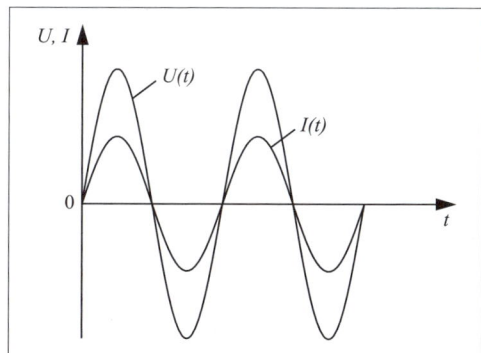   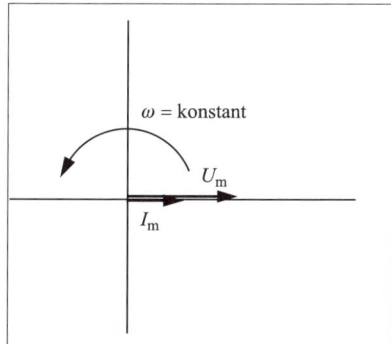

Ergebnis

Strom und Spannung sind in Phase.

Aufgabe

1. Ein ohmscher Widerstand $R = 150\,\Omega$ wird an eine sinusförmige Wechselspannung mit der Frequenz $f = 2,5\,\text{kHz}$ und der Scheitelspannung $U_m = 6,0\,\text{V}$ angeschlossen.

    a) Geben Sie mit eingesetzten Größenwerten die Leistung P in Abhängigkeit von der Zeit t an, wenn zur Zeit $t = 0\,\text{s}$ die Spannung $0\,\text{V}$ beträgt. Zeichnen Sie für das Zeitintervall $0 \leq t \leq T$ das t-P-Diagramm.

    b) Berechnen Sie den Zeitpunkt t_1, bei dem die Leistung P das erste Mal ein Viertel der Maximalleistung P_m erreicht.

    c) Berechnen Sie die Stromarbeit W, die während einer vollen Periodendauer T verrichtet wird.

3   Spule im Wechselstromkreis

Eine Spule der Induktivität L hat den ohmschen Widerstand R (Ermittlung des Widerstandswertes im Gleichstromkreis). Wir untersuchen das Widerstandsverhalten der Spule sowie den Strom- und Spannungsverlauf im Wechselstromkreis.

Versuch 1: Widerstandsverhalten der Spule bei konstanter Frequenz

Versuchsaufbau

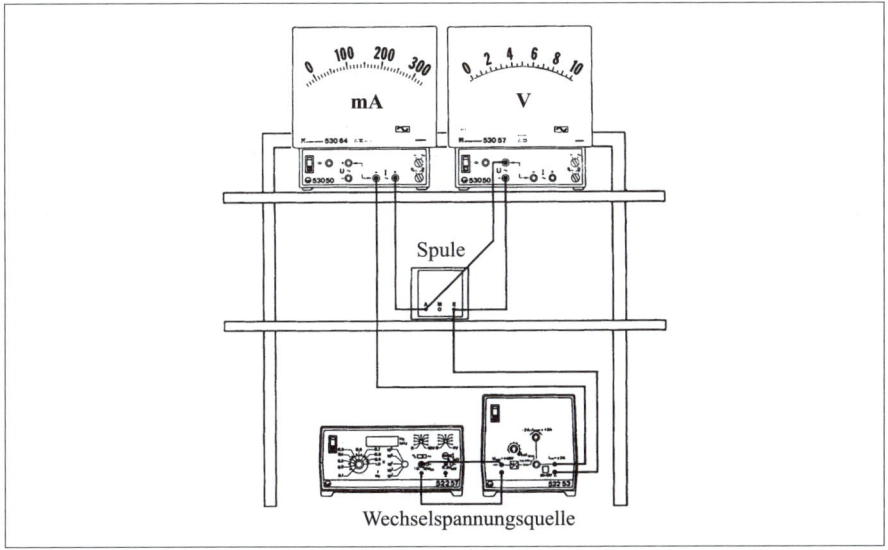

Schaltskizze

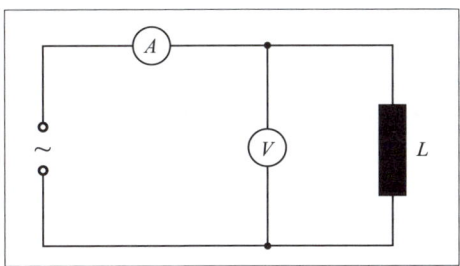

Versuchsdurchführung

An eine eisenlose Spule mit der Induktivität L, die bei Gleichstrom den Widerstand R hat, wird eine sinusförmige Wechselspannung der Frequenz f gelegt. Wir messen für verschiedene Effektivspannungen U_{eff} jeweils die Stromstärke I_{eff} und bilden den Quotienten $\frac{U_{eff}}{I_{eff}}$.

Messprotokoll und Auswertung

$L = 24\,\text{mH}$ (konstant)
$f = 1000\,\text{Hz}$ (konstant)
$R = 6\,\Omega$ (konstant)

U_{eff} in V	2,0	4,0	6,0	8,0
I_{eff} in mA	15	29	44	58
$\frac{U_{eff}}{I_{eff}}$ in Ω	134	138	136	138

Mittelwert: 137 Ω

Ergebnis

Der Quotient $\frac{U_{eff}}{I_{eff}}$ ist größer als bei Gleichstrom, er hängt nicht vom Betrag der anliegenden Spannung ab, d. h. er ist konstant und genügt dem Ohm'schen Gesetz.

Erklärung

Die anliegende Wechselspannung bewirkt in der Spule eine Stromstärkeänderung. In der gleichen Weise ändert sich auch der magnetische Fluss in der Spule. Dadurch tritt eine wechselnde Selbstinduktionsspannung auf, die nach der Lenz'schen Regel so gepolt ist, dass die Stromstärkeänderung behindert wird. Der Betrag der Induktionsspannung hängt von der Induktivität der Spule und der Frequenz der anliegenden Wechselspannung ab. Aus diesem Grund ist im Wechselstromkreis mit Spule die Stromstärke stets kleiner als im Gleichstromkreis mit Spule. Deshalb ist im Wechselstromkreis mit Spule der Quotient $\frac{U_{eff}}{I_{eff}}$ größer.

Wir verwenden im Folgenden Spulen hoher Induktivität und vernachlässigbarem ohmschen Widerstand. Im Idealfall $R = 0\,\Omega$ spricht man von einer **idealen Spule**.

Versuch 2: Zeitlicher Verlauf von Strom und Spannung

Versuchsaufbau

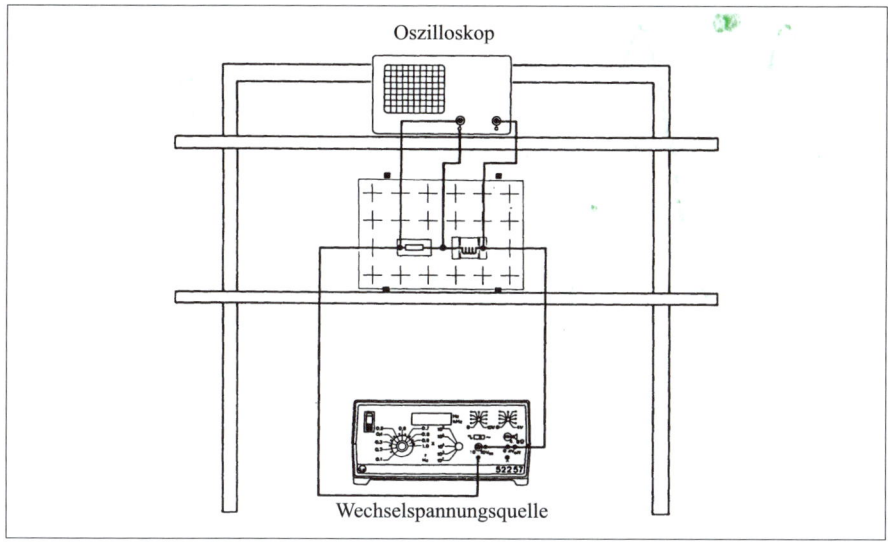

Schaltskizze

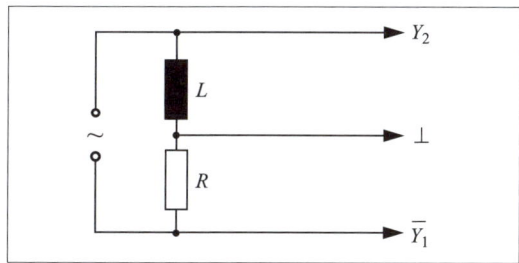

Versuchsdurchführung

An die Spule und den in Reihe geschalteten Widerstand R wird eine Wechselspannung $U(t) = U_\mathrm{m} \sin(\omega t)$ gelegt. Wir untersuchen mit dem Oszilloskop den Spannungsabfall an L (Spannungsverlauf) und R (Stromverlauf) im Wechselstromkreis.

Liniendiagramm

Zeigerdiagramm

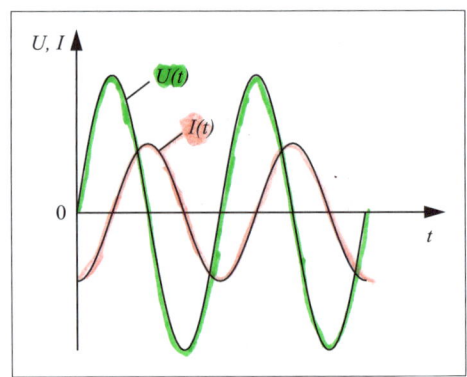

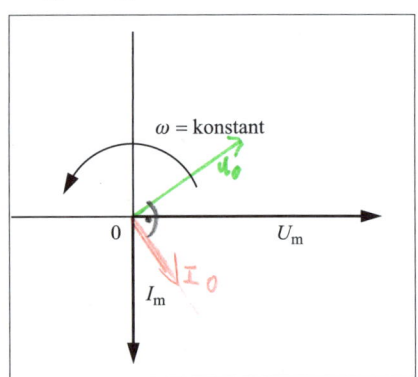

Ergebnis

Der Wechselstrom eilt der an der Spule anliegenden Wechselspannung nach. Die Phasenverschiebung beträgt $\Delta\varphi = \frac{\pi}{2}$.

Es gilt:

$$U(t) = U_m \sin(\omega t)$$

$$I(t) = I_m \sin\left(\omega t - \frac{\pi}{2}\right)$$

oder

$$I(t) = -I_m \cos(\omega t)$$

Theoretische Herleitung der Phasenverschiebung zwischen Strom und Spannung

Im Wechselstromkreis gilt:

$$U(t) + U_{ind}(t) = R\,I(t)$$

Die Annahme $R = 0\,\Omega$ (ideale Spule) ergibt

$$U(t) + U_{ind} = 0$$

d. h.

$$U(t) - L \cdot \dot{I}(t) = 0$$

mit

$$U(t) = U_m \sin(\omega t)$$

folgt

$$\dot{I}(t) = \frac{U_m}{L} \sin(\omega t)$$

$$I(t) = \frac{U_m}{L} \int \sin(\omega t)\,\mathrm{d}t$$

$$I(t) = -\frac{U_m}{L\,\omega} \cos(\omega t) + C$$

Die Integrationskonstante C bedeutet physikalisch die additive Überlagerung eines Gleichstroms. Deshalb ist die Konstante C gleich Null. Somit folgt

$$I(t) = -\frac{U_m}{L \cdot \omega} \cos(\omega t)$$

mit

$$I_m = \frac{U_m}{L\omega}$$

ergibt sich

$$I(t) = -I_m \cos(\omega t)$$

Induktiver Widerstand X_L

Analog zum ohmschen Widerstand (Wirkwiderstand) wird der induktive Widerstand einer Spule wie folgt festgelegt:

$$X_L = \frac{U_{eff}}{I_{eff}}$$

oder

$$X_L = \frac{U_m}{I_m}$$

mit

$$I_m = \frac{U_m}{L\omega}$$

folgt

$$X_L = \omega L$$

oder

$$X_L = 2\pi f L$$

Der induktive Widerstand X_L ist direkt proportional zur Frequenz f der anliegenden Wechselspannung ($X_L \sim f$; $L = $ konstant) und zur Induktivität L der Spule ($X_L \sim L$; $f = $ konstant).

Versuch 3: Experimentelle Bestätigung der Formel $X_L = 2\pi f L$

Versuchsaufbau

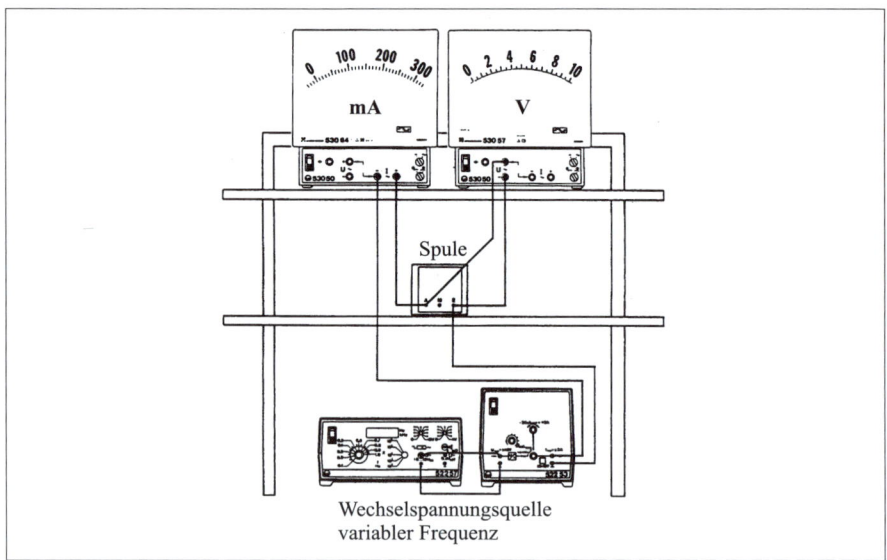

Spule

Wechselspannungsquelle
variabler Frequenz

Schaltskizze

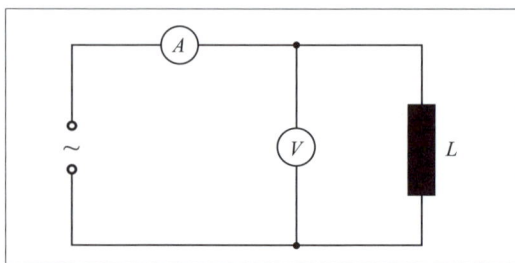

Versuchsdurchführung

Der Nachweis der Beziehungen

$$X_L \sim f \ (L = \text{konstant})$$

und

$$X_L \sim L \ (f = \text{konstant})$$

erfolgt wegen

$$X_L = \frac{U_{eff}}{I_{eff}}$$

durch Messung der Stromstärke I_{eff} und der an der Spule anliegenden Effektiv-spannung U_{eff}.

Um die Versuchsauswertung bei beiden Messreihen zu vereinfachen, wird die an der Spule anliegende Effektivspannung konstant gehalten.

a) **Abhängigkeit des induktiven Widerstandes von der Frequenz**

Messprotokoll und rechnerische Auswertung
$U_{eff} = 6,0$ V (konstant); $L = 100$ mH (konstant)

f in Hz	1000	2000	3000	4000
I_{eff} in mA	9,4	4,7	3,1	2,3
X_L in Ω	638	1277	1935	2609
$\frac{X_L}{f}$ in Ω s	0,64	0,64	0,65	0,65

Grafische Auswertung im f-X_L-Diagramm

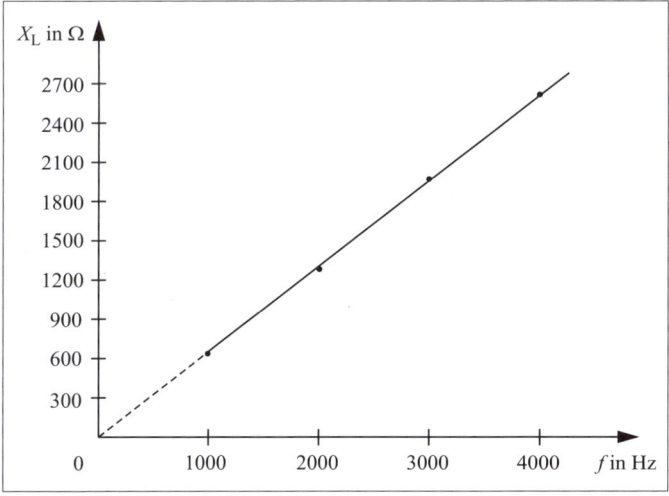

Ergebnis
$X_L \sim f$ (L = konstant)

b) Abhängigkeit des induktiven Widerstandes von der Induktivität

Messprotokoll und rechnerische Auswertung

$U_{eff} = 6,0$ V (konstant); $f = 3000$ Hz (konstant)

L in mH	100	200	300	400
I_{eff} in mA	3,50	1,60	1,10	0,80
X_L in Ω	1700	3750	5450	7500
$\frac{X_L}{L}$ in $\frac{\Omega}{mH}$	17	19	18	19

Grafische Auswertung im L-X_L-Diagramm

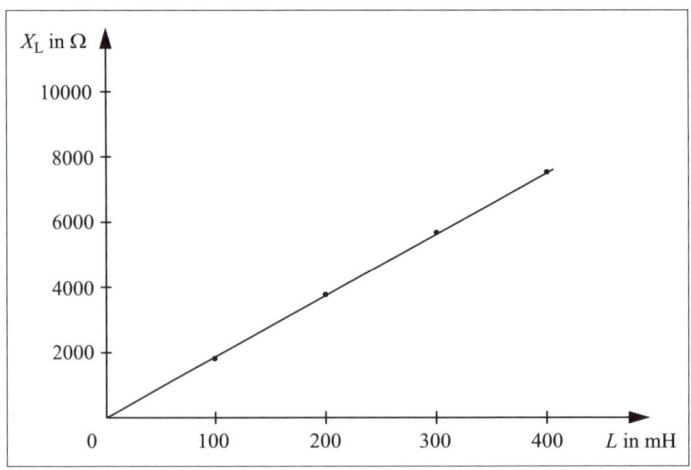

Ergebnis
$X_L \sim L$ ($f =$ konstant)

Zusammenfassung von a und b
Es gilt:

$X_L \sim f$ ($L =$ konstant)

und

$X_L \sim L$ ($f =$ konstant)

somit folgt

$X_L \sim fL$

oder

$X_L = kfL$

Die Proportionalitätskonstante k ergibt sich aus den Messwerten

$X_L = 7500\,\Omega$

$f\ = 3000\,\text{Hz}$

$L\ = 400\,\text{mH}$

Es gilt:

$$k = \frac{X_L}{f\,L}$$

Berechnung:

$$k = \frac{7500\ \text{VA}^{-1}}{3000\ \text{s}^{-1} \cdot 400 \cdot 10^{-3}\ \text{Vs A}^{-1}}$$

$$k = 6,25$$

Das Ergebnis stimmt mit dem Sollwert $2\,\pi$ gut überein.
Somit ist gezeigt:

$$X_L = 2\,\pi f L$$

Aufgaben

2. Zwei Spulen mit den Induktivitäten $L_1 = 100\,\text{mH}$ und $L_2 = 75\,\text{mH}$ werden in Reihe bzw. parallel geschaltet.
   Berechnen Sie für diese Schaltungen den Wechselstromwiderstand, wenn die Frequenz des Wechselstroms $f = 50\,\text{Hz}$ beträgt.

3. Eine Spule mit der Induktivität $L = 1,0\,\text{mH}$ wird an eine sinusförmige Wechselspannung der Frequenz $f = 1,0\,\text{kHz}$ und der Scheitelspannung $U_m = 3,0\,\text{V}$ angeschlossen.

   a) Geben Sie mit eingesetzten Größenwerten die Spannung U, die Stromstärke I und die Leistung P in Abhängigkeit von der Zeit t an, wenn zur Zeit $t = 0\,\text{s}$ die Spannung $0\,\text{V}$ beträgt.

   b) Stellen Sie den zeitlichen Verlauf von Spannung, Stromstärke und Leistung in jeweils einem Diagramm für $0 \le t \le T$ grafisch dar.
   Kennzeichnen Sie in diesen Diagrammen diejenigen Zeitabschnitte, in denen das Magnetfeld der Spule auf- bzw. abgebaut wird und die **Stromquelle** Energie abgibt bzw. aufnimmt.

4 Kondensator im Wechselstromkreis

Legt man an einen Kondensator eine Gleichspannung, so fließt nach Beendigung des Aufladevorgangs kein Strom. Der Kondensator hat für Gleichstrom einen unendlich großen Widerstand.
Wir untersuchen das Widerstandsverhalten des Kondensators sowie den Strom- und Spannungsverlauf im Wechselstromkreis.

Versuch 1: Widerstandsverhalten des Kondensators bei konstanter Frequenz

Versuchsaufbau

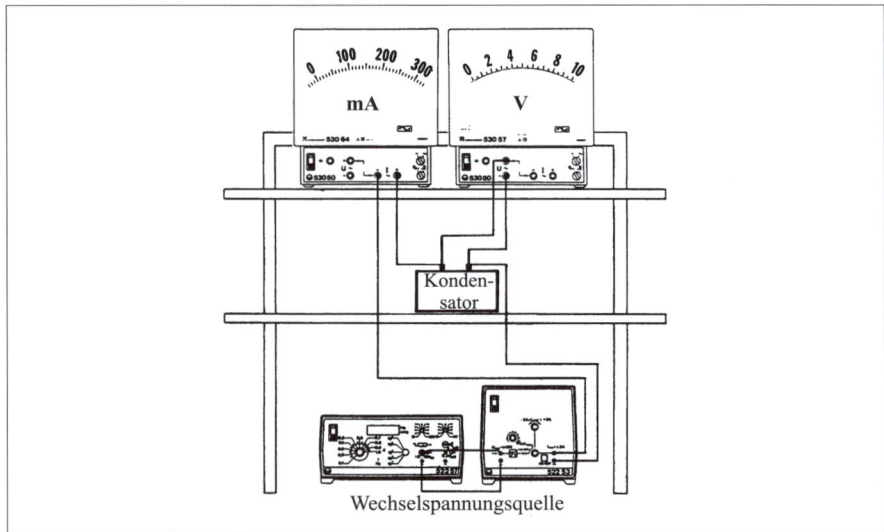

Schaltskizze

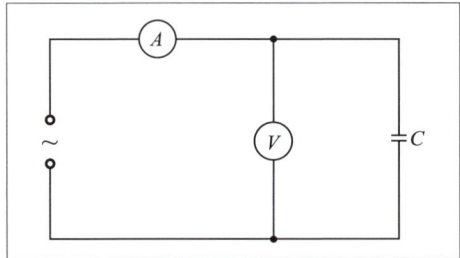

Versuchsdurchführung

An einen Kondensator der Kapazität C wird eine sinusförmige Wechselspannung der Frequenz f gelegt. Wir messen für verschiedene Effektivspannungen U_{eff} jeweils die Stromstärke I_{eff} und bilden den Quotienten $\frac{U_{eff}}{I_{eff}}$.

Messprotokoll und Auswertung

$C = 10\,\mu F$ (konstant)
$f = 500\,Hz$ (konstant)

U_{eff} in V	2,0	4,0	6,0	8,0
I_{eff} in A	0,07	0,14	0,21	0,27
$\frac{U_{eff}}{I_{eff}}$ in Ω	29	29	29	30

Mittelwert: 29 Ω

Ergebnis

Der Quotient $\frac{U_{eff}}{I_{eff}}$ hat einen endlichen Wert, er hängt nicht vom Betrag der anliegenden Spannung ab, d. h. er ist konstant und genügt dem Ohm'schen Gesetz.

Erklärung

Der Kondensator hat nach wie vor einen außerordentlich großen Widerstand. Durch die anliegende Wechselspannung findet ein ständig wechselndes Auf- und Entladen statt. In den Zuleitungen von der Spannungsquelle zum Kondensator fließt daher ein Wechselstrom, der vom zwischengeschalteten Messinstrument angezeigt wird.

Versuch 2: Zeitlicher Verlauf von Strom und Spannung

Versuchsaufbau

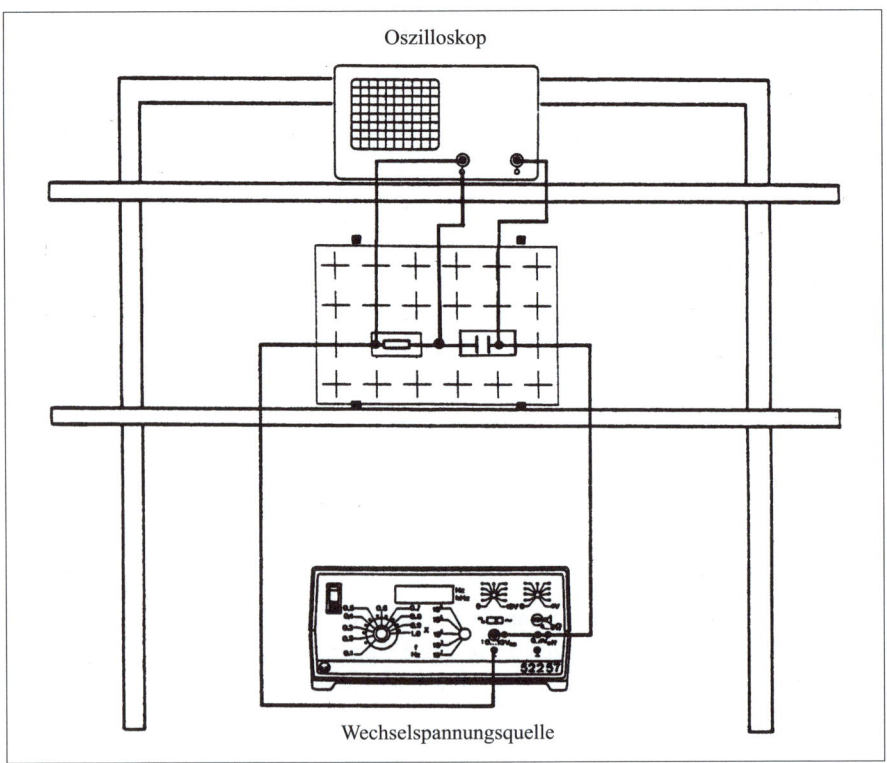

Oszilloskop

Wechselspannungsquelle

Schaltskizze

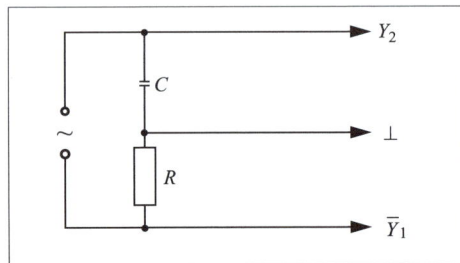

Versuchsdurchführung

An den Kondensator und den in Reihe geschalteten Widerstand wird eine Wechselspannung $U(t) = U_m \sin(\omega t)$ gelegt. Wir untersuchen mit dem Oszilloskop den Spannungsabfall an C (Spannungsverlauf) und R (Stromverlauf) im Wechselstromkreis.

Liniendiagramm   **Zeigerdiagramm**

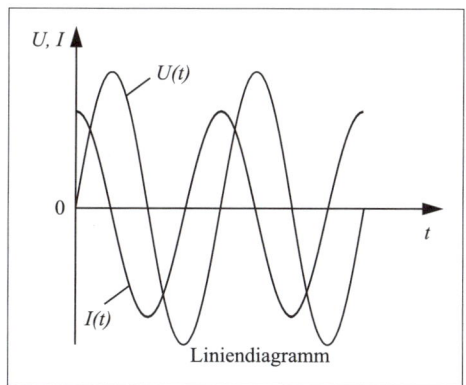

Liniendiagramm

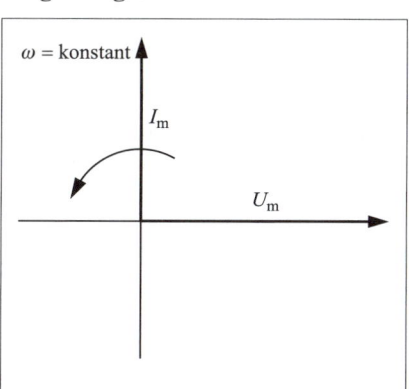

Ergebnis

Der Wechselstrom eilt der am Kondensator anliegenden Wechselspannung in der Phase um $\Delta\varphi = \frac{\pi}{2}$ voraus.

Es gilt:

$$U(t) = U_m \sin(\omega t)$$

$$I(t) = I_m \sin\left(\omega t + \frac{\pi}{2}\right)$$

oder

$$I(t) = I_m \cos(\omega t).$$

Theoretische Herleitung der Phasenverschiebung zwischen Strom und Spannung

Für die am Kondensator anliegende Spannung gilt:

$$U(t) = U_m \sin(\omega t) \qquad (1)$$

Für die Ladung Q des Kondensators gilt:

$$Q(t) = C \cdot U(t) \qquad (2)$$

Für die Stromstärke $I(t)$ des Kondensators gilt:

$$I(t) = \dot{Q}(t)$$

Somit folgt aus (2)

$$I(t) = C \cdot \dot{U}(t)$$

bzw.

$$I(t) = C\,U_{\mathrm{m}}\,\omega\cos(\omega t)$$

mit

$$I_{\mathrm{m}} = C\,U_{\mathrm{m}}\,\omega$$

folgt

$$I(t) = I_{\mathrm{m}}\cos(\omega t)$$

bzw.

$$I(t) = I_{\mathrm{m}}\sin\left(\omega t + \frac{\pi}{2}\right)$$

Kapazitiver Widerstand X_{C}

Analog zum ohmschen Widerstand wird der kapazitive Widerstand eines Kondensators wie folgt festgelegt:

$$X_{\mathrm{C}} = \frac{U_{\mathrm{eff}}}{I_{\mathrm{eff}}}$$

oder

$$X_{\mathrm{C}} = \frac{U_{\mathrm{m}}}{I_{\mathrm{m}}}$$

mit

$$I_{\mathrm{m}} = C U_{\mathrm{m}}\omega$$

folgt

$$X_{\mathrm{C}} = \frac{U_{\mathrm{m}}}{C U_{\mathrm{m}}\omega}$$

$$X_{\mathrm{C}} = \frac{1}{\omega C}$$

oder

$$X_{\mathrm{C}} = \frac{1}{2\pi f C}$$

Der kapazitive Widerstand X_{C} ist indirekt proportional zur Frequenz f der anliegenden Wechselspannung ($X_{\mathrm{C}} \sim \frac{1}{f}$; C = konstant) und zur Kapazität C des Kondensators ($X_{\mathrm{C}} \sim \frac{1}{C}$; f = konstant).

Versuch 3: Experimentelle Bestätigung der Formel $X_C = \dfrac{1}{2\pi f C}$

Versuchsaufbau

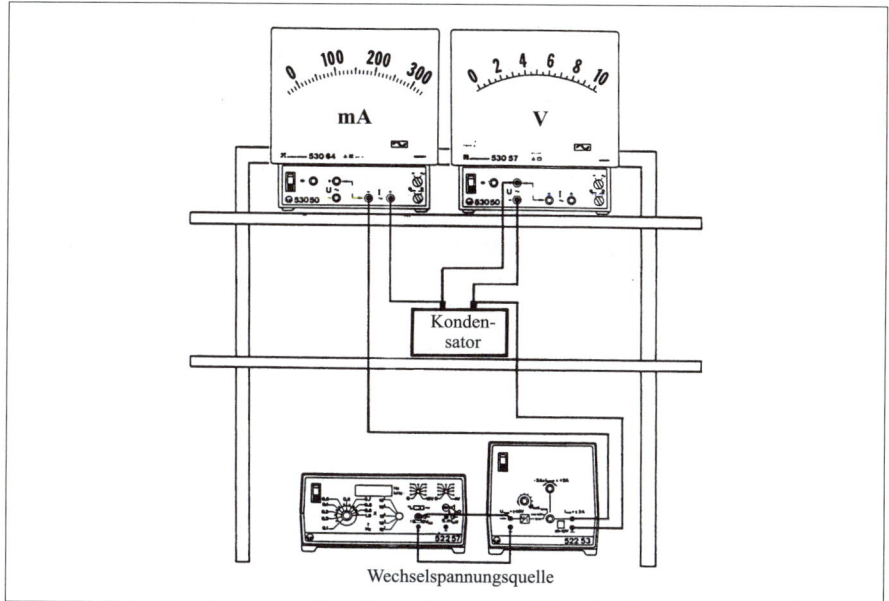

Schaltskizze

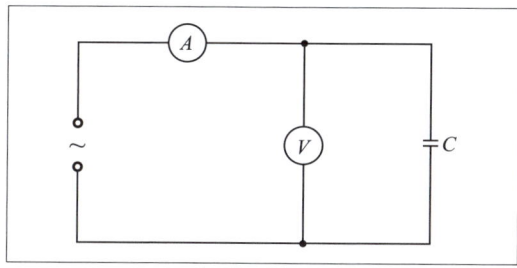

Versuchsdurchführung

Der Nachweis der Beziehungen

$$X_C \sim \frac{1}{f} \quad (C = \text{konstant})$$

und

$$X_C \sim \frac{1}{C} \quad (f = \text{konstant})$$

21

erfolgt wegen

$$X_C = \frac{U_{eff}}{I_{eff}}$$

durch Messung der Stromstärke I_{eff} und der am Kondensator anliegenden Effektivspannung U_{eff}.

Um die Versuchsauswertung bei beiden Messreihen zu vereinfachen, wird die an dem Kondensator anliegende Effektivspannung konstant gehalten.

a) Abhängigkeit des kapazitiven Widerstandes von der Frequenz

Messprotokoll und rechnerische Auswertung

$U_{eff} = 2{,}0\,V$ (konstant); $C = 10{,}1\,nF$ (konstant)

f in Hz	1000	2000	3000
I_{eff} in mA	0,12	0,24	0,36
X_C in kΩ	16,70	8,30	5,56
$\frac{1}{f}$ in 10^{-4} s	10,0	5,0	3,3
$X_C f$ in $10^6\,\Omega\,s^{-1}$	16,7	16,7	16,7

Grafische Auswertung im $\frac{1}{f}$-X_C-Diagramm

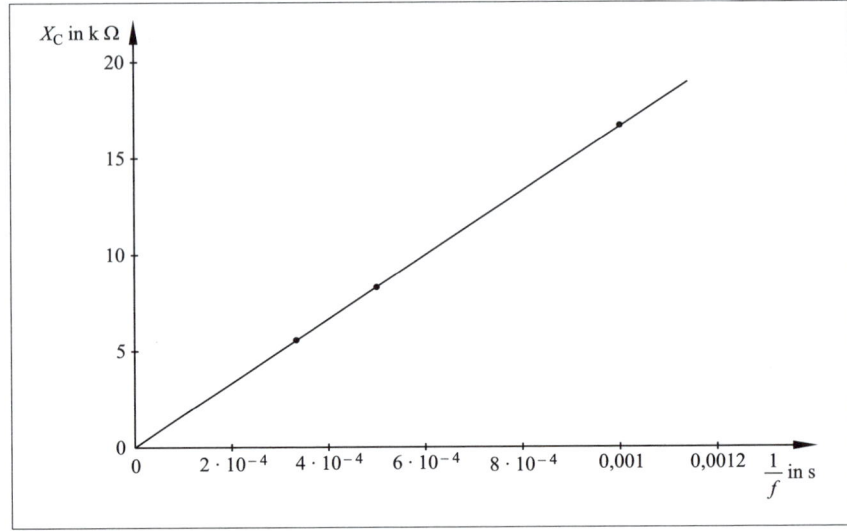

Ergebnis

$$X_C \sim \frac{1}{f} \quad (C = \text{konstant})$$

b) Abhängigkeit des kapazitiven Widerstandes von der Kapazität

Messprotokoll und rechnerische Auswertung

$U_{eff} = 3{,}0\,\text{V}$ (konstant); $f = 3000\,\text{Hz}$ (konstant)

C in nF	10,1	20,1	30,1	40,1
I_{eff} in mA	0,5	1,1	1,6	2,2
X_C in kΩ	6,0	2,7	1,9	1,4
$\frac{1}{C}$ in $\frac{1}{nF}$	0,099	0,050	0,033	0,025
$X_C \cdot C$ in $10^4\,\Omega\,\text{nF}$	6,0	5,5	5,6	5,5

Grafische Auswertung im $\frac{1}{C}$-X_C-Diagramm

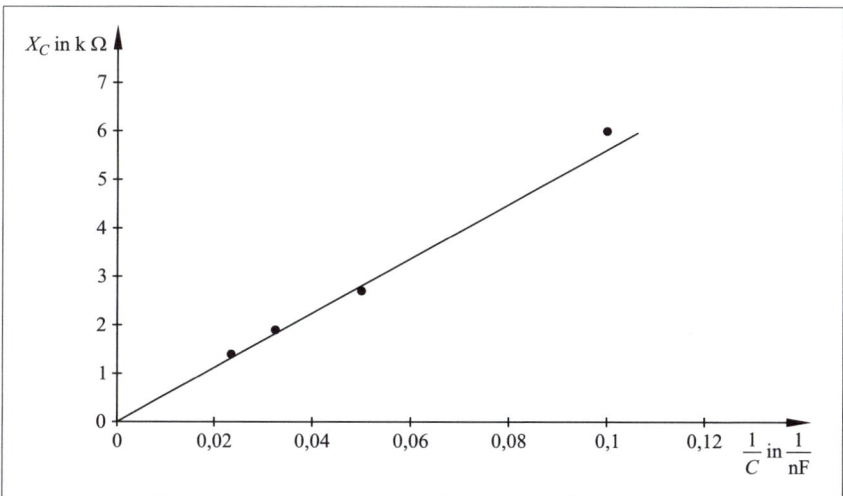

Ergebnis

$$X_C \sim \frac{1}{C} \quad (f = \text{konstant})$$

Zusammenfassung von a und b

Es gilt:

$$X_C \sim \frac{1}{f} \quad (C = \text{konstant})$$

und

$$X_C \sim \frac{1}{C} \quad (f = \text{konstant})$$

somit folgt

$$X_\mathrm{C} \sim \frac{1}{f\,C}$$

oder

$$X_\mathrm{C} = k \cdot \frac{1}{f\,C}$$

Die Proportionalitätskonstante k ergibt sich aus den Messwerten

$X_\mathrm{C} = 1{,}4\ \mathrm{k}\,\Omega$

$f\ \ = 3000\ \mathrm{Hz}$

$C\ \ = 40{,}1\ \mathrm{nF}$

Es gilt:

$k\ \ = X_\mathrm{C}f\mathrm{C}$

Berechnung:

$$k = 1{,}4 \cdot 10^3\ \mathrm{VA^{-1}} \cdot 3000\,\mathrm{s^{-1}} \cdot 40{,}1 \cdot 10^{-9}\ \mathrm{AsV^{-1}}$$

k = 0,17

Das Ergebnis stimmt mit dem Sollwert $\frac{1}{2\pi}$ gut überein.
Somit ist gezeigt:

$$X_\mathrm{C} = \frac{1}{2\pi f C}$$

Aufgaben

4. Zwei Kondensatoren mit den Kapazitäten $C_1 = 1{,}0\ \mu\mathrm{F}$ und $C_2 = 4{,}0\ \mu\mathrm{F}$ werden in Reihe bzw. parallel geschaltet. Berechnen Sie für diese Schaltungen den Wechselstromwiderstand, wenn die Frequenz des Wechselstroms $f = 50\ \mathrm{Hz}$ beträgt.

5. Ein Kondensator mit der Kapazität $C = 440\ \mathrm{pF}$ wird an eine sinusförmige Wechselspannung der Frequenz $f = 1{,}0\ \mathrm{kHz}$ und der Scheitelspannung $U_\mathrm{m} = 300\ \mathrm{V}$ angeschlossen.

   a) Geben Sie mit eingesetzten Größenwerten die Spannung U, die Stromstärke I und die Leistung P in Abhängigkeit von der Zeit t an, wenn zur Zeit $t = 0\,\mathrm{s}$ die Spannung maximal ist.

   b) Stellen Sie den zeitlichen Verlauf von Spannung, Stromstärke und Leistung in jeweils einem Diagramm und die Leistung in einem weiteren Diagramm für $0 \leq t \leq T$ grafisch dar.
   Kennzeichnen Sie in diesen Diagrammen diejenigen Zeitabschnitte, in denen das elektrische Feld des Kondensators auf- bzw. abgebaut wird und die **Stromquelle** Energie abgibt bzw. aufnimmt.

Mechanische Schwingungen

5 Aufzeichnung von verschiedenen Bewegungs-vorgängen mit dem Weg-Spannung-Wandler

Die Untersuchung von mechanischen Bewegungsvorgängen erfordert die Kenntnis der Zeit-Weg-Funktion des bewegten Körpers (Massenpunktes). Diese kann mithilfe von Zeit- und Wegmessungen ermittelt werden. Zur Auswertung des beobachteten Bewegungsvorganges überträgt man die ermittelten t-s-Wertepaare in ein t-s-Diagramm. Zur direkten Darstellung der t-s-Diagramme verwenden wir einen Weg-Spannung-Wandler in Verbindung mit einem t-y-Schreiber.

Versuchsaufbau zur Registrierung des Bewegungsablaufes

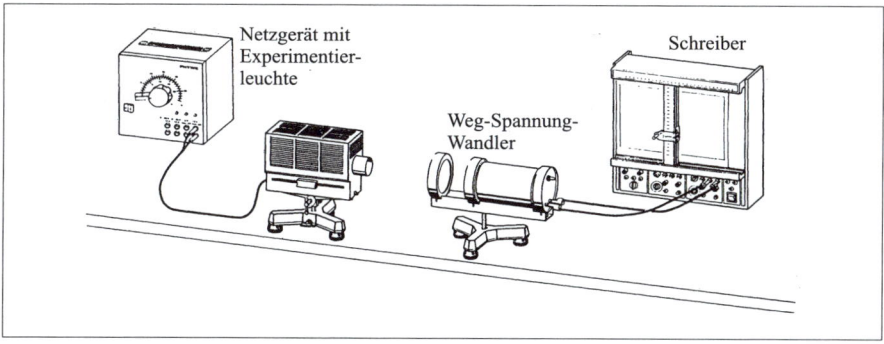

Erklärung des Messprinzips beim Weg-Spannung-Wandler

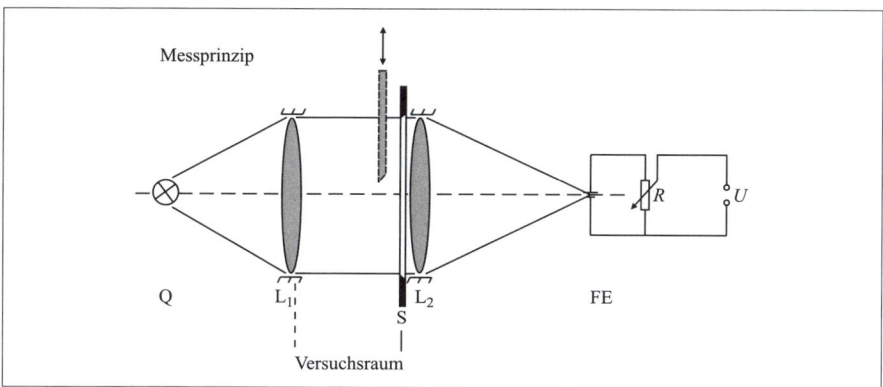

25

Eine Lichtquelle Q steht im Brennpunkt der Linse L_1 so, dass ein paralleles Lichtbündel entsteht (siehe Abb. S. 25). Die zweite Linse L_2 fokussiert das Lichtbündel auf das Silizium-Fotoelement FE. Vor L_2 ist eine rechteckige Schlitzblende S angeordnet, die mit einem Maßstab versehen ist.

Der durch S hindurchtretende Lichtstrom bewirkt in FE eine elektrische Spannung U, die von der Öffnung der Schlitzblende abhängt. U wird von einem angeschlossenen t-y-Schreiber registriert.

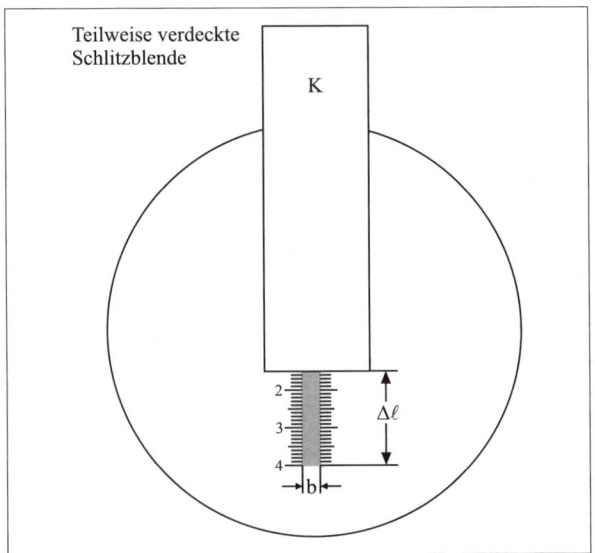

Befindet sich ein Körper K (siehe Abb. oben) im Versuchsraum zwischen Linse L_1 und Schlitzblende S so, dass er diese ganz abdeckt, so fällt kein Licht auf das Fotoelement FE, und es wird keine Spannung U erzeugt.

Deckt man die Schlitzblende teilweise auf, so stellt man fest, dass die erzeugte Spannung mit der Fläche des aufgedeckten Schlitzteils wächst. Hängt man einen Körper K von rechteckigem Querschnitt so vor die Schlitzblende S, dass die freie Rechteckfläche $\Delta A = b \cdot \Delta \ell$ das Licht durchtreten lässt, entsteht eine Spannung $U \sim \Delta A$. Da b konstant ist, folgt $U \sim \Delta \ell$.

Wenn wir nun Bewegungen so ablaufen lassen, dass der Weg s eines Körpers dem Längenabschnitt $\Delta \ell$ entspricht, stellt das beschriebene Gerät einen Weg-Spannung-Wandler dar.

6   Schwingungen als ein periodischer Vorgang

Wiederholt sich ein physikalischer Vorgang ständig, so wird dieser Vorgang periodisch genannt.

Bei einem System von Massenpunkten ist der Bewegungszustand zum Zeitpunkt t_1 durch die Angabe der Ortsvektoren, der Geschwindigkeitsvektoren und der Beschleunigungsvektoren eindeutig festgelegt. Befindet sich das System zum späteren Zeitpunkt t_2 zum ersten Mal wieder im gleichen Bewegungszustand, so bezeichnet man das Zeitintervall $[t_1; t_2]$ als Periodendauer T.

6.1   Federpendel

An einer Schraubenfeder, die an einer Stativstange befestigt ist, hängt ein Körper. Diese Anordnung nennt man Federpendel.

Versuchsaufbau

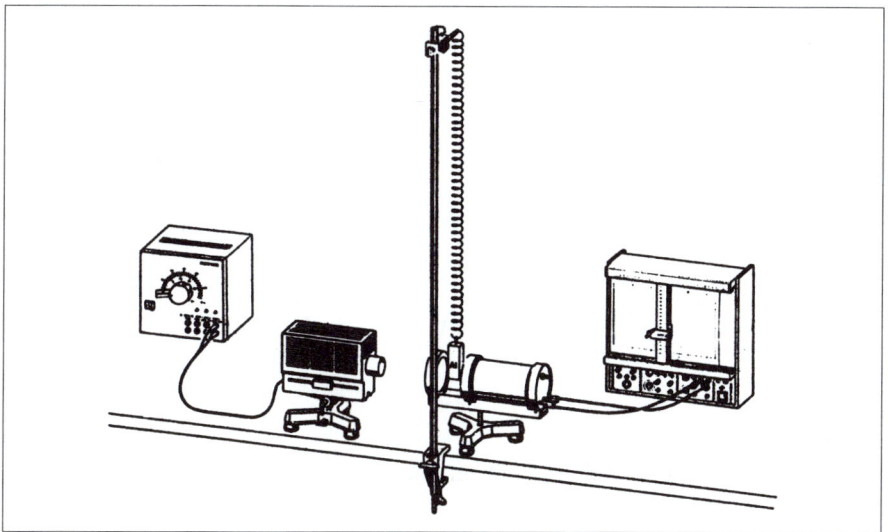

Prinzipskizze

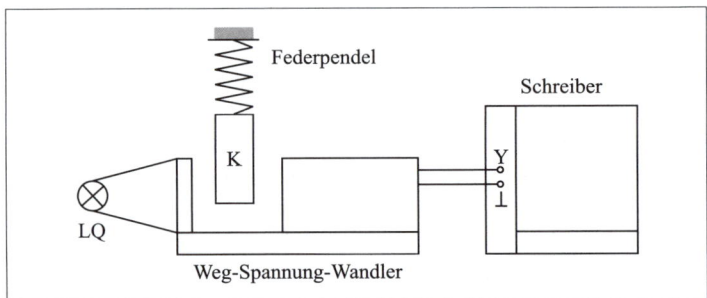

Versuchsdurchführung
Das Federpendel wird aufgehängt, sodass es im Ruhezustand die obere Hälfte der Schlitzblende abdeckt. Zur Kennzeichnung der „Ruhelage" des Federpendels im t-s-Diagramm registrieren wir mit dem t-y-Schreiber die vom Weg-Spannung-Wandler angezeigte Spannung $(s(t)=0)$.
Anschließend wird der Pendelkörper um ca. 2 cm ausgelenkt und sich selbst überlassen. Der t-y-Schreiber registriert nun die Bewegung des Pendelkörpers um die Ruhelage in Abhängigkeit von der Zeit.

t-s-Diagramm

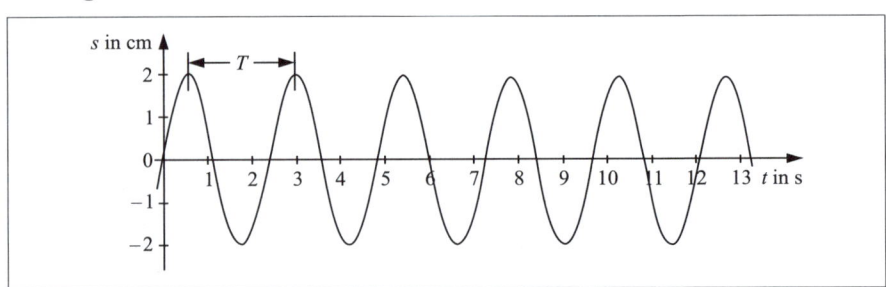

Vermutung
Als Funktionsgraph im Zeit-Weg-Diagramm ergibt sich eine Sinuskurve (Nachweis S. 48).

Ergebnisse
Bei Vernachlässigung der auftretenden Reibung gilt:
1. Die Entfernung zwischen Nulllage und Umkehrpunkt bleibt gleich. Diese Entfernung wird **Amplitude** A oder Schwingungsweite genannt.

2. Die kürzeste Zeit, die der Körper benötigt, um nach Betrag und Richtung wieder die gleiche Auslenkung aus der Ruhelage zu erreichen, ist konstant.
Diese Zeit heißt **Periodendauer** T.
Es gilt somit für die Zeit-Weg-Gleichung:
$$s(t + T) = s(t)$$
bzw.

$$s(t + nT) = s(t) \qquad n \in \mathbb{N}$$

Eine Bewegung, die der angegebenen Zeit-Weg-Gleichung genügt, heißt **periodische Schwingung** oder **periodischer Vorgang.**

6.2 Torsionspendel

An einer spiralförmig angeordneten Blattfeder ist am inneren Ende ein kleiner Stab vertikal fest angeklemmt. An diesem Stab wird eine Stange mit einem verschiebbaren Massenstück horizontal befestigt. Diese Anordnung nennt man Torsionspendel.

Versuchsaufbau

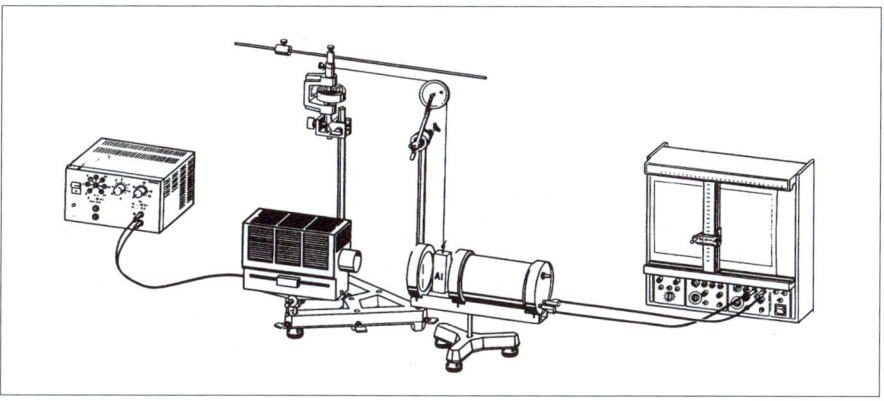

Versuchsdurchführung
Zur Kennzeichnung der „Ruhelage" des Torsionspendels im t-s-Diagramm registrieren wir mit dem t-y-Schreiber die vom Weg-Spannung-Wandler angezeigte Spannung $(s(t) = 0)$.
Anschließend wird das Torsionspendel aus der Ruhelage ausgelenkt und freigegeben.

t-s-Diagramm

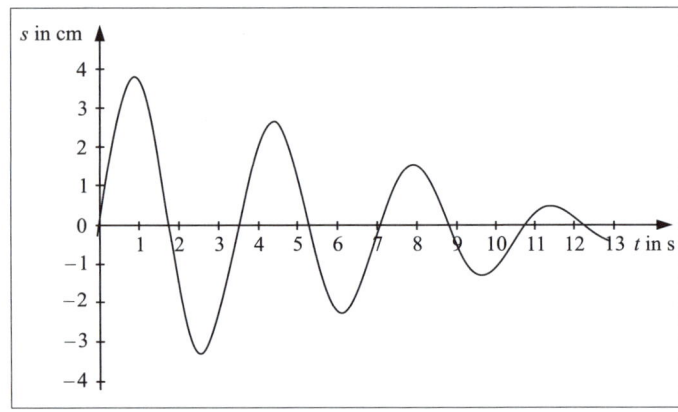

Ergebnis
Das Torsionspendel führt eine gedämpfte Schwingung aus.

6.3 Kippschwingungen

Wir realisieren diese durch die rasche Auf- und Abbewegung einer Pappscheibe,
die im oberen und unteren Umkehrpunkt jeweils die gleiche Zeitspanne in Ruhe
bleibt.

Versuchsaufbau
Die dargestellte
Versuchsanord-
nung zeigt einen
Modellversuch,
mit dem Kipp-
schwingungen
(Rechteckschwin-
gungen) erzeugt
werden können.

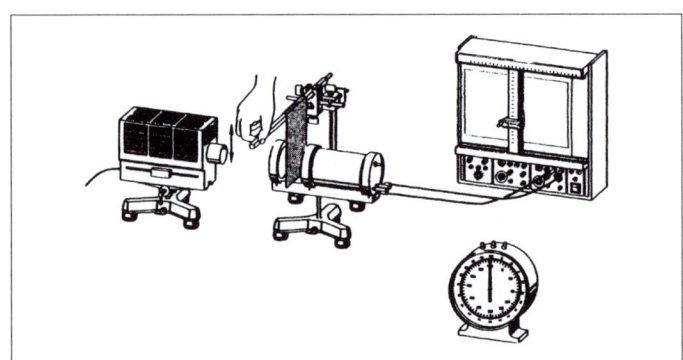

Versuchsdurchführung
Zur Kennzeichnung der „Ruhelage" wird die Stange mit der Pappblende in die
Mittelstellung gebracht und die vom Weg-Spannung-Wandler angezeigte Spannung mit dem t-y-Schreiber registriert. Anschließend wird die Kippstange in den
oberen Umkehrpunkt und nach einer vorgegebenen Zeit in den unteren Umkehrpunkt gebracht. Nach der gleichen Zeit wird die Stange wieder in die Ausgangs-
lage gekippt. Dieser Vorgang ist periodisch zu wiederholen.

t-s-Diagramm

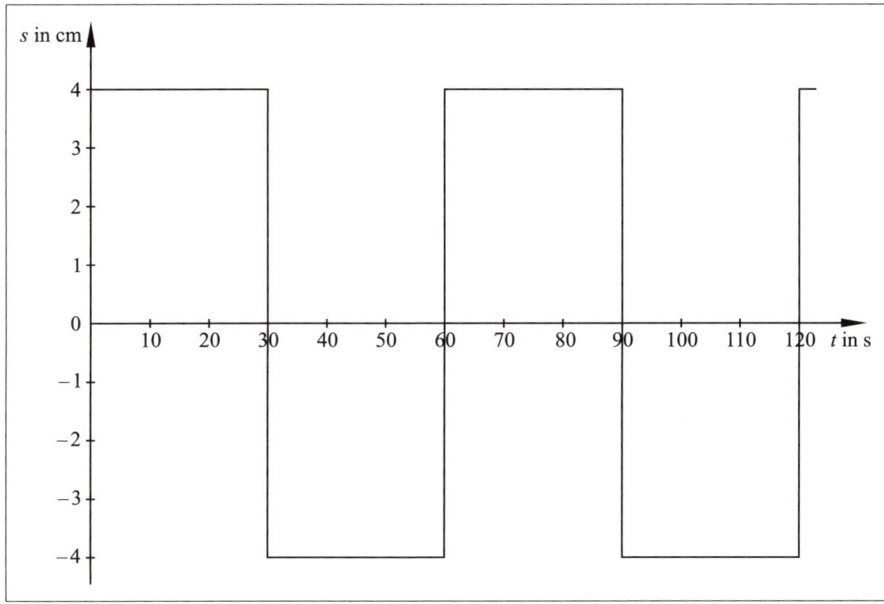

Ergebnis
Es gilt:

$$s(t + nT) = s(t) \qquad n \in \mathbb{N}$$

Diese periodische Schwingung wird auch Rechteckschwingung genannt.

6.4   Symmetrische Dreieck-Schwingung

Wir realisieren diese durch Auf- und Abwicklung eines Fadens von einer rotierenden Welle ($|\omega|=$ konstant).

Versuchsaufbau

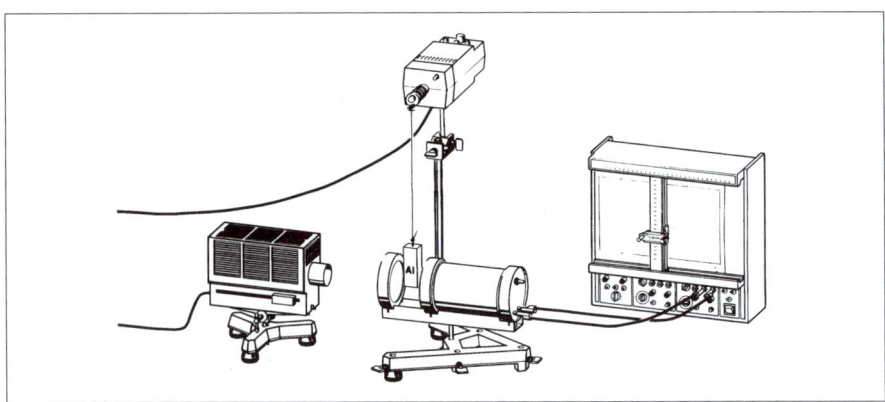

Versuchsdurchführung

An einem Faden F hängt ein Körper K, dessen geometrische Abmessungen größer als die der Schlitzblende S sein müssen. Der Faden F wird auf einer Welle W, die im Spannfutter eines Experimentiermotors gehalten ist, aufgewickelt. Zu Versuchsbeginn deckt der Körper K die Schlitzblende S zur Hälfte ab. Der Faden wird durch den Motor mit konstanter Winkelgeschwindigkeit ω aufgewickelt, bis die Schlitzblende S ganz frei ist. Der Körper bewegt sich dabei mit konstanter Bahngeschwindigkeit nach oben. Ist der Faden so weit aufgewickelt, dass die Schlitzblende des Weg-Spannung-Wandlers ganz frei ist, kehrt man die Drehrichtung des Motors um, und der Faden wird wieder abgewickelt, bis der Schlitz ganz verdeckt ist. Der beschriebene Vorgang wiederholt sich nun.

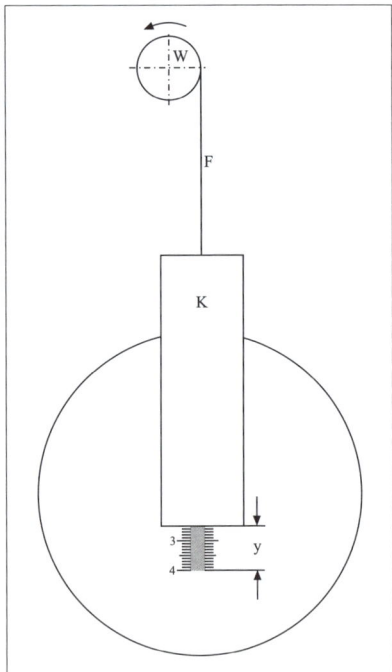

t-s-Diagramm

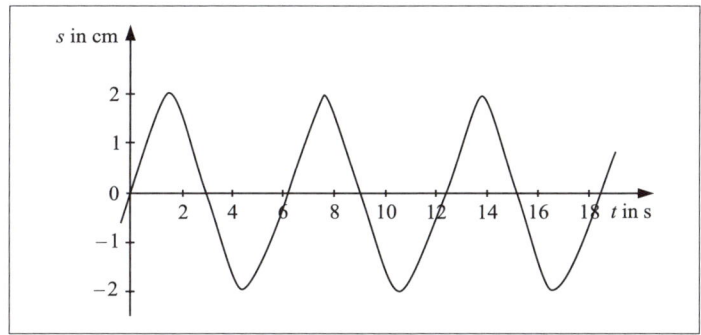

In das Diagramm kann nachträglich eine Symmetrieachse eingezeichnet werden.

Ergebnis
Es gilt:

$$s(t+nT) = s(t) \qquad n \in \mathbb{N}$$

6.5 Das Maxwell'sche Rad

Ein schweres Rad ist mit seiner horizontalen Achse so an zwei vertikalen Fäden aufgehängt, dass diese sich bei der Drehung des Rades auf der Achse auf- oder abwickeln. Man nennt diese Anordnung ein maxwellsches Rad.
Wir registrieren die Ab- und Aufwärtsbewegung eines Maxwell'schen Rades.

Versuchsaufbau

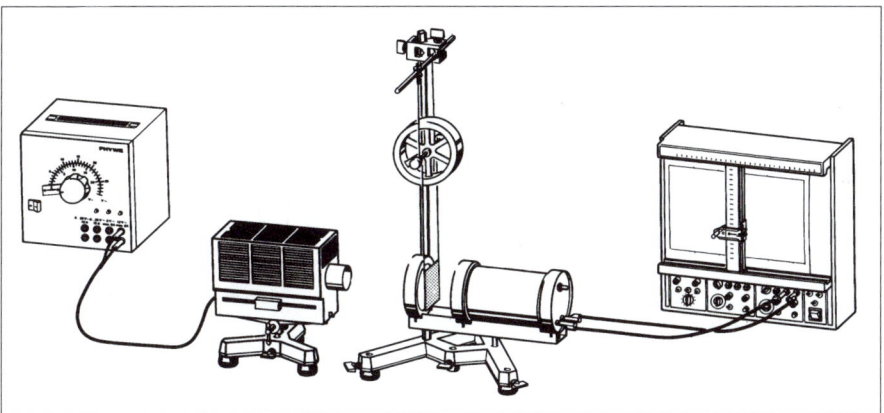

Versuchsdurchführung

Das Maxwell'sche Rad M wird so aufgehängt, dass es sich in der Ruhelage ca.
1 cm über dem Weg-Spannung-Wandler
befindet. Ein Körper (z. B. ein Papp-
streifen), der an der Achse des Maxwell'-
schen Rades mit einer Drahtöse angehängt
ist, sodass er nur die Auf- und Abbewegung ausführt, jedoch nicht an der Drehbewegung teilnimmt, deckt dabei die Schlitzblende des Weg-Spannung-Wandlers ganz
ab.

Bei der fortschreitenden Bewegung der
Achse wird der Körper K mitbewegt.

Das Maxwell'sche Rad M wird in Bewegung gesetzt und der t-y-Schreiber zu
dem Zeitpunkt gestartet, in dem das Maxwell'sche Rad M den höchsten Punkt
erreicht hat und der angehängte Körper M
die Schlitzblende ganz freigibt. Es werden
mehrere Ab- und Aufwärtsbewegungen des
Maxwell'schen Rades registriert.

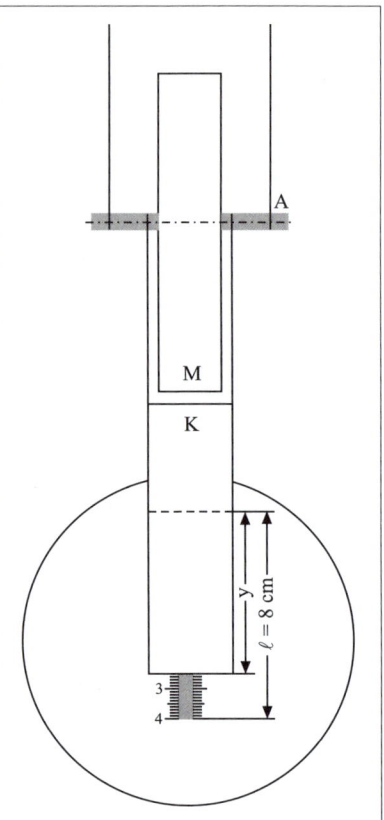

t-s-Diagramm

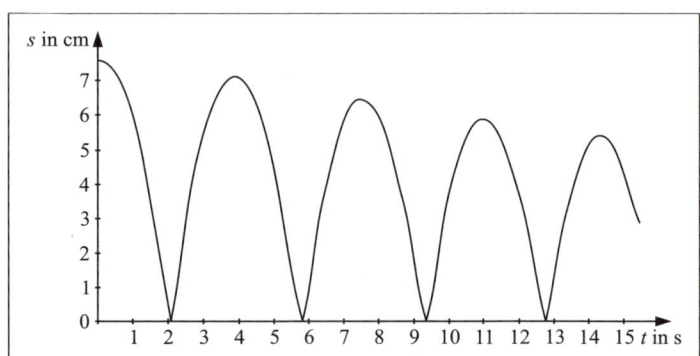

Ergebnis

Das t-s-Diagramm zeigt eine schwach gedämpfte periodische Schwingung.

6.6 Fadenpendel

Zur Aufnahme des *t-s*-Diagramms des Fadenpendels verwenden wir im Hinblick auf weitere Versuche das im Folgenden beschriebene Registrierverfahren.

Versuchsaufbau

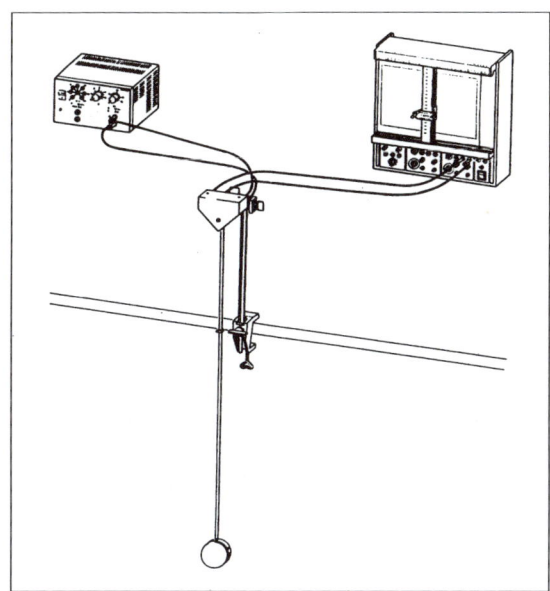

Erklärung des Registrierverfahrens beim Fadenpendel

Für die Registrierung wird ein Netzgerät mit maximal 20 V Gleichspannung benötigt, das mit zwei parallel geschalteten Drehpotentiometern (siehe Schaltskizze) verbunden ist.

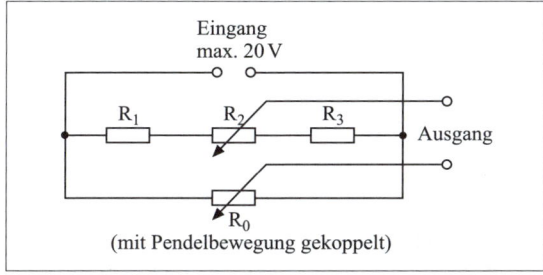

Die Schleifer der Potentiometer sind mit dem Eingang des *t-y*-Schreibers verbunden, der das *t-s*-Diagramm aufzeichnet.

Prinzipskizze

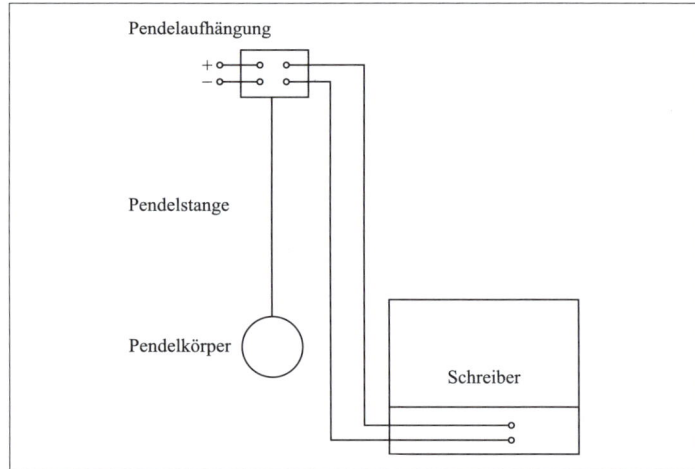

Versuchsdurchführung

Zur Kennzeichnung der „Ruhelage" des Fadenpendels im t-s-Diagramm registrieren wir mit dem t-y-Schreiber die von den Potentiometern abgegriffene Spannung $(s(t)=0)$. Anschließend wird das Pendel um ca. 6° ausgelenkt und sich selbst überlassen. Der t-y-Schreiber registriert nun die Bewegung des Pendelkörpers um die Ruhelage in Abhängigkeit von der Zeit.

t-s-Diagramm

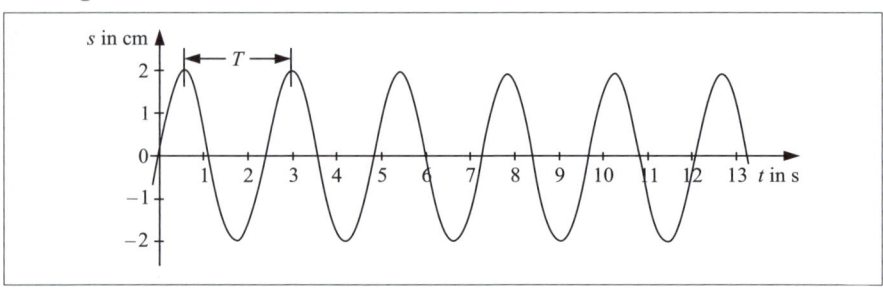

Vermutung

Als Funktionsgraph im Zeit-Weg-Diagramm ergibt sich eine Sinuskurve (Nachweis siehe S. 55).

Ergebnis

Es gilt:

$$s(t+T)=s(t)$$

bzw.

$$s(t+nT)=s(t) \qquad n \in \mathbb{N}$$

Sinusschwingung

7 Harmonische Schwingung

7.1 Parallelprojektion einer Kreisbewegung

Die Registrierung des t-s-Diagramms eines Federpendels (siehe S. 28) führte zu der Vermutung, dass sich diese Schwingung durch eine Sinusfunktion mathematisch beschreiben lässt.

Da die Sinusfunktion durch Projektion am Kreis hergeleitet werden kann, vermuten wir auch einen Zusammenhang zwischen einer Schwingungsbewegung und einer Kreisbewegung mit konstanter Winkelgeschwindigkeit.

Versuchsaufbau

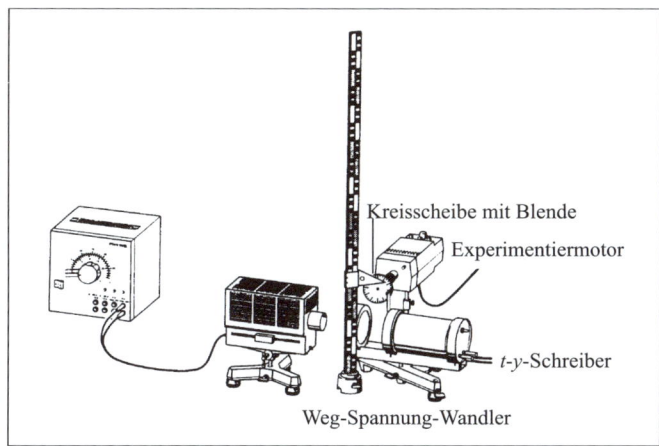

Kreisscheibe mit Blende

Experimentiermotor

t-y-Schreiber

Weg-Spannung-Wandler

Versuchsdurchführung

Im Spannfutter eines Experimentiermotors befindet sich die Drehachse einer Kreisscheibe. An dieser ist eine Blende befestigt, die in den Versuchsraum des Weg-Spannung-Wandlers eintaucht. Die Drehbewegung der Kreisscheibe erfolgt mit konstanter Winkelgeschwindigkeit ω. Durch die starre Kopplung der Blende mit der Kreisscheibe wird erreicht, dass die Unterkante der Blende ebenfalls eine Kreisbewegung ausführt.

Mit dem Weg-Spannung-Wandler registrieren wir die Auf- und Abbewegung der Blende.

t-s-Diagramm

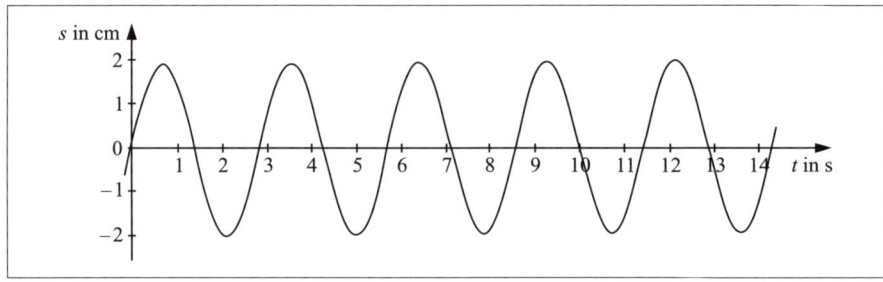

Bemerkung

Als Ruhe- oder Nulllage wird in Anlehnung an das Federpendel die Mitte zwischen oberem und unterem Umkehrpunkt gewählt.

Vermutung

Als Zeit-Weg-Diagramm ergibt sich eine Sinuskurve mit der Periodendauer $T = \frac{2\pi}{\omega}$.

Die maximalen Werte der Zeit-Weg-Funktion sind gleich dem Radius der Kreisscheibe und entsprechen der Amplitude A.

7.2 Überlegung zum *t-s*-Diagramm der projizierten Kreisbewegung

Prinzipskizze zur Registrierung des *t-s*-Diagramms

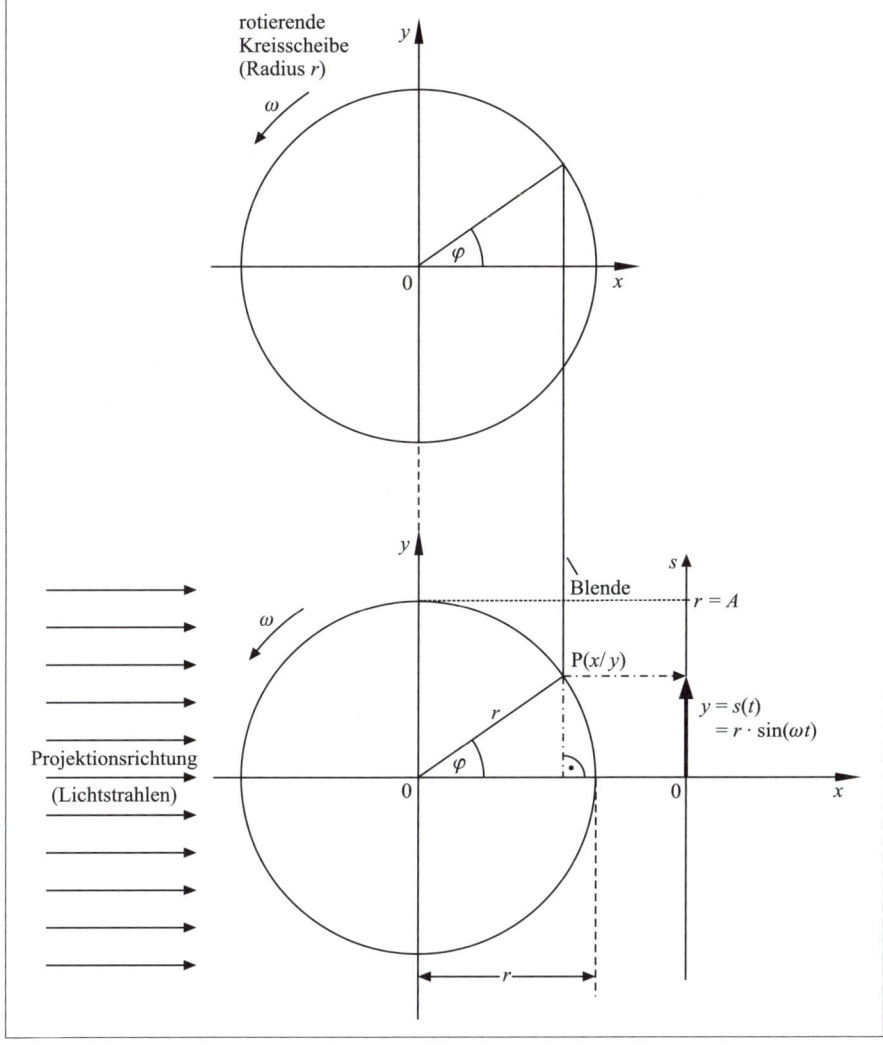

Es gilt:

$$\varphi = \omega \cdot t \quad (\omega = \text{konstant})$$

Von den Koordinaten des auf einer Kreisbahn umlaufenden Punktes P (Unterkante der Blende) wird vom Weg-Spannung-Wandler nur die *y*-Koordinate registriert.

In einer bestimmten Blickrichtung (parallel zur positiven x-Achse) lässt sich demnach aus der zweidimensionalen Kreisbewegung *(x-y-Ebene)* eine eindimensionale Schwingung (y-Richtung) herauslesen.

Für die zeitliche Abhängigkeit des von der unteren Kante der Blende zurückgelegten Weges erhält man:

$$y(t) = r \cdot \sin \omega t$$

oder

$$s(t) = r \cdot \sin \omega t$$

Ergebnis
Die vom t-y-Schreiber aufgezeichnete Kurve ist der Graph einer Sinusfunktion. Es gilt mit

$$A = r$$

$$s(t) = A \cdot \sin(\omega t) \qquad \text{Zeit-Weg-Funktion}$$

Definitionen
Man nennt Bewegungen, deren Zeit-Weg-Gleichung eine Sinusfunktion ist, **harmonische Schwingungen.**

ω wird bei harmonischen Schwingungen **Kreisfrequenz** genannt.

Der Kehrwert der Periodendauer T heißt Frequenz f; es gilt:

$$\frac{1}{T} = f$$

Die Einheit der Frequenz ist 1 Hertz (Hz) = 1s^{-1}.

$s(t)$ heißt **Elongation,** sie nimmt periodisch positive und negative Werte an.

Die **Schwingungsphase** $\varphi = \omega t$ (Phasenwinkel) gibt an, in welchem Schwingungszustand sich der Körper befindet.

Zusammenfassung
Einer Kreisbewegung mit konstanter Winkelgeschwindigkeit lässt sich durch Parallelprojektion eine harmonische Schwingung zuordnen. Umgekehrt kann man sich zu jeder harmonischen Schwingung eine entsprechende Kreisbewegung vorstellen.

7.3 Zeit-Geschwindigkeit-Funktion der harmonischen Schwingung

Aus der engen Beziehung zwischen der Kreisbewegung und der harmonischen Schwingung lässt sich auch die Zeit-Geschwindigkeit-Funktion des schwingenden Körpers K ermitteln.

Prinzipskizze

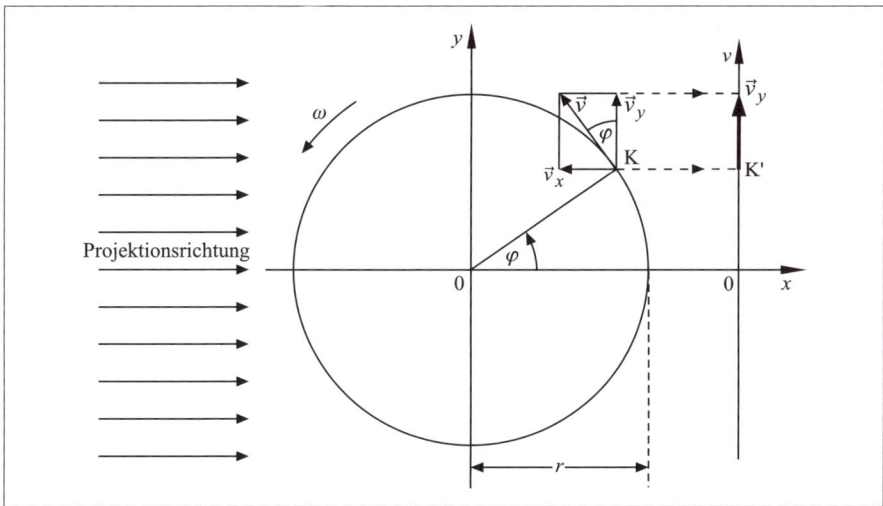

Wir betrachten den Körper K, welcher sich mit konstanter Bahngeschwindigkeit $v_K = \frac{2\pi r}{T}$ auf dem Kreis mit dem Radius r bewegt.

Der Geschwindigkeitsvektor $\vec{v}_K$ kann in zwei zu den Koordinatenachsen parallele Komponenten $\vec{v}_x$ und $\vec{v}_y$ zerlegt werden gemäß $\vec{v}_K = \vec{v}_x + \vec{v}_y$.

Bei Parallelprojektion dieser Kreisbewegung in Richtung der positiven x-Achse bleibt für den harmonisch schwingenden Körper K' nur noch die Geschwindigkeitskomponente $\vec{v}_y$ übrig.

Es gilt:

$$v_{K'} = v_y$$

Der Phasenwinkel φ tritt auch im Geschwindigkeitsparallelogramm auf.

Es gilt somit:

$$v_y = v_K \cdot \cos(\varphi)$$

mit

$$v_K = r\,\omega \text{ und } \varphi = \omega t$$

folgt

$$v_y(t) = r\omega \cdot \cos(\omega t)$$

Ersetzt man den Radius r der Kreisbahn durch die Amplitude A des Schwingers, so erhält man für die Momentangeschwindigkeit v des Schwingers

$$v(t) = A\omega\cos(\omega t)$$

Folgerung
Bei einer harmonischen Schwingung mit der Kreisfrequenz ω und der Amplitude A erreicht der Schwinger die maximale Geschwindigkeit $v_m = A\omega$
(v_m = Geschwindigkeitsamplitude).
Die Differenzialrechnung ermöglicht, unmittelbar aus der Zeit-Weg-Funktion $s(t)$ die Zeit-Geschwindigkeit-Funktion $v(t)$ zu berechnen.
Es gilt allgemein:

$$\dot{s}(t) = v(t)$$

Somit folgt aus der allgemeinen Zeit-Weg-Funktion
$$s(t) = A \cdot \sin(\omega t + \varphi_0)$$
für die Momentangeschwindigkeit
$$v(t) = A \cdot \omega \cdot \cos(\omega t + \varphi_0)$$
bzw.
$$v(t) = v_m \cdot \cos(\omega t + \varphi_0)$$
φ_0 heißt Phasenverschiebung und ist dafür verantwortlich, mit welcher Phase die Schwingung beginnt.

7.4 Zeit-Beschleunigung-Funktion

Wir betrachten einen Punkt P auf dem Rand einer gleichförmig rotierenden Kreisscheibe mit dem Radius r.
Für die Zentripetalbeschleunigung gilt:

$$a_z = r\omega^2 = \text{konstant}$$

Prinzipskizze

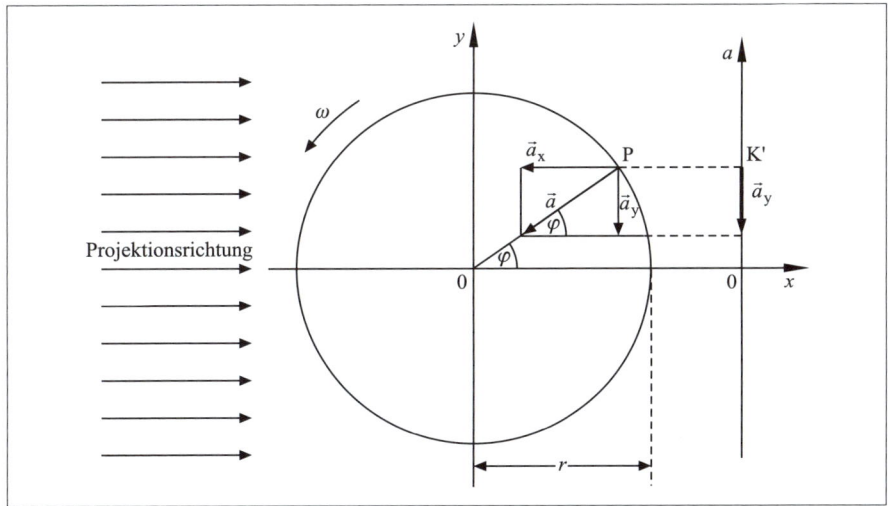

Zur Zeit t gilt für die y-Komponente von a_z:

$$a_y = -a_z \cdot \sin(\varphi)$$

mit

$$\varphi = \omega \cdot t$$

folgt

$$a_y(t) = -a_z \cdot \sin(\omega t)$$

oder

$$a_y(t) = -r\omega^2 \sin(\omega t)$$

bzw.

$$a_y(t) = -\omega^2\, r \sin(\omega t) \qquad \text{Zeit-Beschleunigung-Funktion}$$

mit

$$s(t) = r \cdot \sin(\omega t)$$

folgt

$$a_y(t) = -\omega^2\, s(t)$$

Das Minuszeichen in der Gleichung für die y-Komponente von a_z ergibt sich, weil zu einer nach oben weisenden Elongation eine Beschleunigung a_y gehört, die nach unten gerichtet ist und umgekehrt.

Mithilfe der Differenzialrechnung kann gezeigt werden, dass gilt:

$$a(t) = \dot{v}(t) = \ddot{s}(t)$$

Somit folgt aus

$$s(t) = A\sin(\omega t + \varphi_0)$$
$$\dot{s}(t) = v(t) = A\omega\cos(\omega t + \varphi_0)$$
$$\ddot{s}(t) = \dot{v}(t) = a(t) = -A\omega^2\sin(\omega t + \varphi_0)$$

Aufgaben

6. Die Registrierung der Parallelprojektion einer Kreisbewegung ergab folgendes Zeit-Weg-Diagramm:

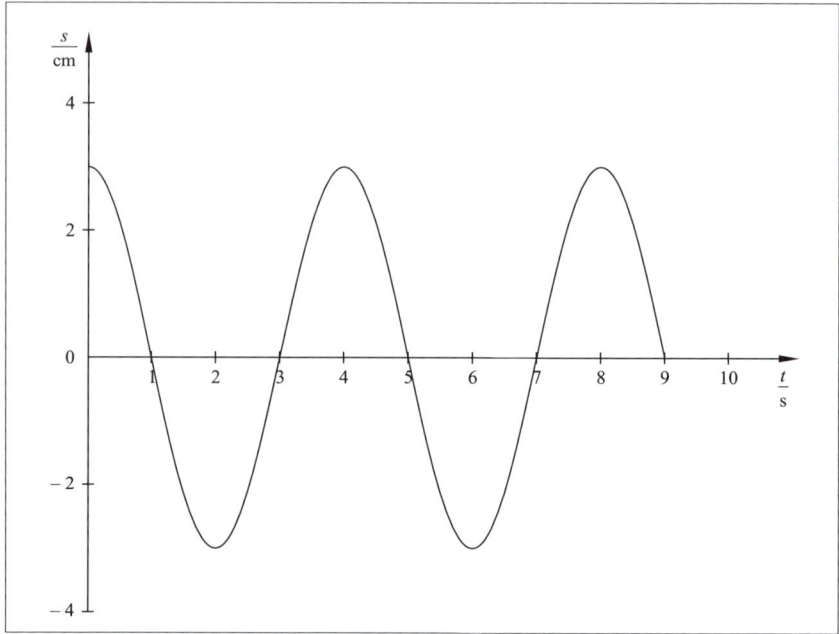

a) Bestimmen Sie anhand des Diagramms die Periodendauer, Frequenz, Kreisfrequenz und Amplitude der Schwingung.

b) Geben Sie mit eingesetzten Größenwerten die Elongation in Abhängigkeit von der Zeit an, wenn für $t = 0$ s die Elongation maximal ist (siehe Abb.).

c) Geben Sie mit eingesetzten Größenwerten die Zeit-Geschwindigkeit-Funktion dieser harmonischen Schwingung an.

d) Geben Sie mit eingesetzten Größenwerten die Zeit-Beschleunigung-Funktion dieser harmonischen Schwingung an.

e) Geben Sie die Funktionsgleichungen mit eingesetzten Größenwerten für die Elongation, Geschwindigkeit und Beschleunigung an, wenn zur Zeit $t = 0$ s der schwingende Massenpunkt im unteren Umkehrpunkt ist.

7. Bei einem Radialkraftgerät (siehe Abb.) bewegt sich ein Körper K mit der Drehfrequenz $f = 1,0$ Hz auf einer Kreisbahn mit dem Radius $r = 9,0$ cm. Die Bewegung des rotierenden Körpers wird durch paralleles Licht senkrecht auf eine Wand projiziert. Das einfallende Licht verläuft parallel zur Ebene, in der die vom Körper beschriebene Kreisbahn liegt.

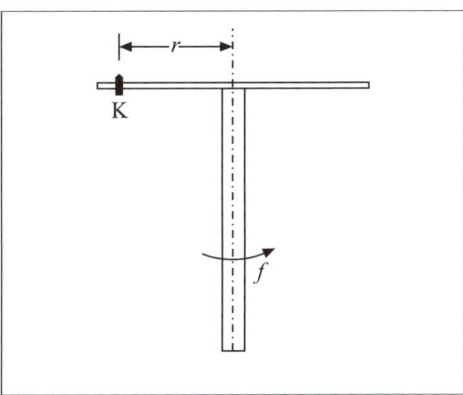

a) Zur Zeit $t = 0$ s befindet sich der Schatten K' des Körpers K im linken **(negativen)** Umkehrpunkt.
Ermitteln Sie mit eingesetzten Größenwerten die Zeit-Weg-Gleichung für die Bewegung von K'.

b) Geben Sie mit eingesetzten Größenwerten die Abhängigkeit der Geschwindigkeit des Schatten K' von der Zeit an.
Stellen Sie diese Abhängigkeit im Bereich 0 s $\leq t \leq 1,5$ s grafisch dar.
Maßstab: 1 s $\hat{=} 6$ cm; $20 \frac{\text{cm}}{\text{s}} \hat{=} 1$ cm

c) Berechnen Sie die Zeitpunkte, zu denen im eingezeichneten Bereich von Teilaufgabe b die Geschwindigkeit von K' den Wert $+ 40,0 \frac{\text{cm}}{\text{s}}$ annimmt.

7.5   Lineares Kraftgesetz

Die y-Komponente der Zentripetalbeschleunigung bei der Kreisbewegung wird durch die y-Komponente der Zentripetalkraft hervorgerufen (siehe projizierte Kreisbewegung).
Es gilt:

$$F_y(t) = m \cdot a_y(t)$$

mit

$$a_y(t) = -A\omega^2 \sin(\omega t)$$

folgt

$$F_y(t) = -mA\omega^2 \sin(\omega t)$$

mit

$$s(t) = A \cdot \sin(\omega t)$$

ergibt sich

$$F_y(t) = -m\omega^2 s(t)$$

Die konstante Größe $m\omega^2$ wird **Richtgröße D** genannt.
Somit gilt:

$$F_y(t) = -D\,s(t)$$

oder

$$F_y(t) \sim s(t)$$ Lineares Kraftgesetz

Ergebnis
Bei einer harmonischen Schwingung (projizierte Kreisbewegung) gilt das lineare Kraftgesetz.
Da die beschleunigende Kraft bei der harmonischen Schwingung der Elongation entgegengerichtet (siehe Minuszeichen) ist, nennt man sie rücktreibende Kraft oder Rückstellkraft.
Aus

$$D = m\omega^2$$

folgt mit

$$\omega = \frac{2\pi}{T}$$

$$D = m\frac{4\pi^2}{T^2}$$

somit

$$T = 2\pi\sqrt{\frac{m}{D}}$$ Schwingungsdauer

7.6 Differenzialgleichung der harmonischen Schwingung

Durch Umformung des linearen Kraftgesetzes erhält man

$$F_y(t) = -D\, s(t)$$

bzw.

$$m\, a_y(t) = -D\, s(t)$$

mit

$$a(t) = \ddot{s}(t)$$

folgt

$$m\, \ddot{s}(t) = -D\, s(t)$$

$$\boxed{m\, \ddot{s}(t) + D\, s(t) = 0} \qquad \text{Differenzialgleichung}$$

Die Lösungen von Differenzialgleichungen sind Funktionen. Mithilfe der Mathematik kann gezeigt werden, dass die allgemeine Lösung dieser Differenzialgleichung lautet:

$$\boxed{s(t) = A\, \sin(\omega t + \varphi_0)} \qquad \text{Zeit-Weg-Funktion}$$

A ist die Amplitude der Schwingung, ω die Kreisfrequenz, φ_0 die Schwingungsphase im Zeitpunkt $t_0 = 0$ s.

Ergebnis
Jede Bewegung eines Körpers, für die das lineare Kraftgesetz gilt, ist harmonisch.

Aufgaben

8. Ein Körper mit der Masse $m = 300$ g schwingt sinusförmig. Zur Zeit $t = 0$ s passiert er die Nulllage in Richtung der negativen y-Achse. Die Schwingungsdauer T beträgt 4,0 s, die Amplitude $A = 4{,}0$ cm.

   a) Wie groß sind Geschwindigkeit und Beschleunigung des Körpers nach 1,5 s?

   b) Wann hat der Körper zum zweiten Mal die Geschwindigkeit $\frac{1}{2} v_m$?

   c) Berechnen Sie den Betrag der maximalen Rückstellkraft F_m.

9. Ein harmonisch schwingender Körper bewegt sich zur Zeit $t = 0$ s durch die Nulllage zum unteren Umkehrpunkt. Dabei ist die Periodendauer T und die Amplitude A.

   a) Stellen Sie die Funktionsgleichungen der Elongation, Geschwindigkeit und Beschleunigung des Körpers auf.

   b) Zeichnen Sie für $t = 0$ s das Zeigerdiagramm und für $0 \le t \le T$ das Liniendiagramm der Elongation, Geschwindigkeit und Beschleunigung.

7.7 Überprüfung der Gültigkeit des linearen Kraftgesetzes

7.7.1 Federpendel

Hängt ein Körper an einer elastischen Schraubenfeder, so bezeichnet man diese Anordnung als vertikales Federpendel (Schwere-Federpendel).

Überlegungen zur Gültigkeit des linearen Kraftgesetzes

Nach dem Hooke'schen Gesetz ist die Dehnung einer Schraubenfeder (innerhalb der Elastizitätsgrenzen) der dehnenden Kraft direkt proportional. Die Proportionalitätskonstante ist die Federkonstante oder Federhärte D. Im Gleichgewicht ist die elastische Federkraft $\vec{F}_e$ gegengleich zur dehnenden Kraft $\vec{F}$.

Prinzipskizze

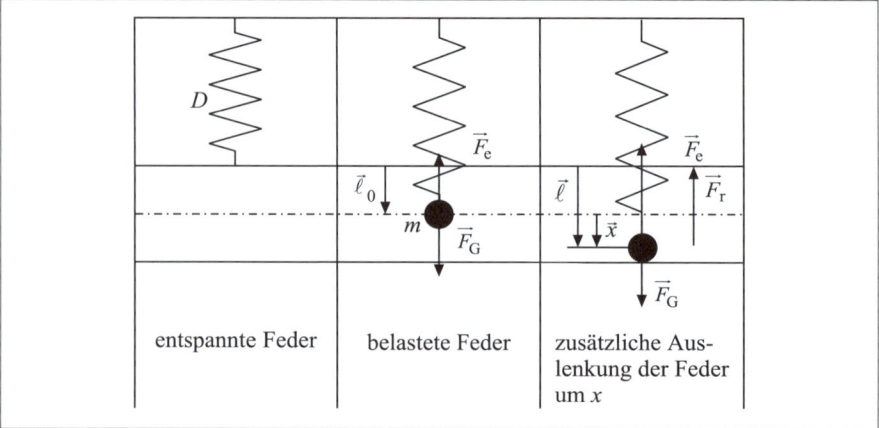

| entspannte Feder | belastete Feder | zusätzliche Auslenkung der Feder um x |

Die Schraubenfeder (Federkonstante D) ist zunächst entspannt. Wird nun an die Schraubenfeder ein Körper der Masse m gehängt, so wird sie durch dessen Gewichtskraft um $\vec{F}_G = m\vec{g}$ um $\vec{\ell}_0$ gedehnt (vorgespannt).

Für die Gleichgewichtslage des Pendels gilt:

$$\vec{F}_e = -\vec{F}_G$$

mit

$$\vec{F}_e = -D\vec{\ell}_0$$

bzw.

$$\vec{F}_G = D\vec{\ell}_0$$

Versetzt man das Pendel in vertikale Schwingungen (zusätzliche Auslenkung des Pendelkörpers um die Strecke x), so bleibt die nach unten gerichtete Gewichtskraft $\vec{F}_G$ konstant, während sich die elastische Federkraft $\vec{F}_e$ mit der Dehnung $\vec{\ell}$ ändert ($\vec{F}_e = -D\vec{\ell}$).

Die vektorielle Summe beider Kräfte ergibt als Resultierende jeweils die rücktreibende Kraft (Rückstellkraft) $\vec{F}_r$. Es gilt:

$$\vec{F}_r = \vec{F}_e + \vec{F}_G$$

Für die Rückstellkraft beim Federpendel ergibt sich

$$\vec{F}_r = -D\vec{\ell} + D\vec{\ell}_0$$
$$\vec{F}_r = -D(\vec{\ell} - \vec{\ell}_0)$$

Damit gilt für die Rückstellkraft F_r beim Federpendel das lineare Kraftgesetz. Diese Rückstellkraft ist der Auslenkung

$$\vec{x} = \vec{\ell} - \vec{\ell}_0$$

aus der Ruhelage des Pendels proportional.

$$\vec{F}_r = -D\vec{x}$$

bzw.

$$F_r = -Dx \qquad \text{lineares Kraftgesetz}$$

Die Masse der Feder bleibt bei dieser Herleitung unberücksichtigt.

Experimentelle Überprüfung der Formel $T = 2\pi\sqrt{\dfrac{m}{D}}$ für ein Federpendel

Versuchsaufbau

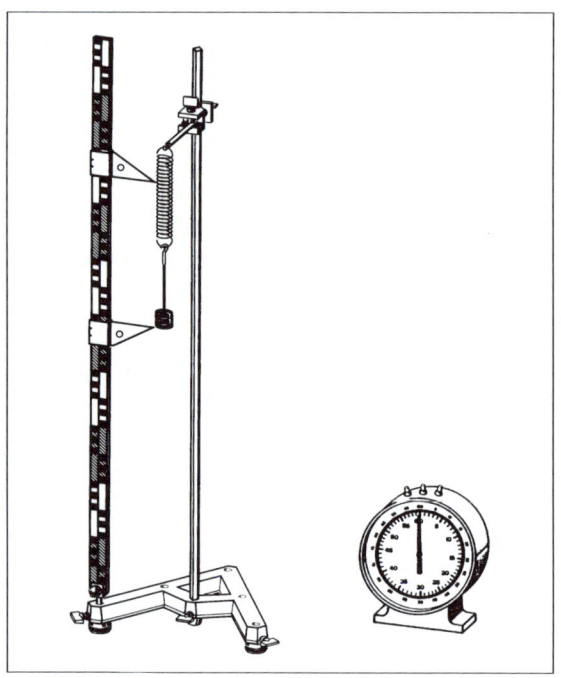

Versuchsdurchführung

Die Feder mit der Federkonstante D wird mit dem Körper der Masse m belastet und dadurch in die Nulllage gebracht. Lenkt man den Körper vertikal aus und überlässt ihn sich selbst, so schwingt der Körper harmonisch.

An Federn unterschiedlicher Federkonstanten werden verschiedene Massenstücke angehängt. Die Zeit für 10 Schwingungsperioden T misst man mithilfe der Stoppuhr.

a) **Abhängigkeit der Schwingungsdauer T von der Federkonstante D**

Messprotokoll und rechnerische Auswertung
$m = 0{,}050$ kg (konstant)

D in $\frac{\text{N}}{\text{m}}$	10,0	20,0	40,0
$10\,T$ in s	4,40	3,14	2,22
T in s	0,44	0,31	0,22
$T^2 D$ in $\frac{\text{N}\,\text{s}^2}{\text{m}}$	1,94	1,92	1,94

Grafische Auswertung im $\frac{1}{D}$-T^2-Diagramm

$\frac{1}{D}$ in $\frac{m}{N}$	0,100	0,050	0,025
T^2 in s^2	0,193	0,096	0,048

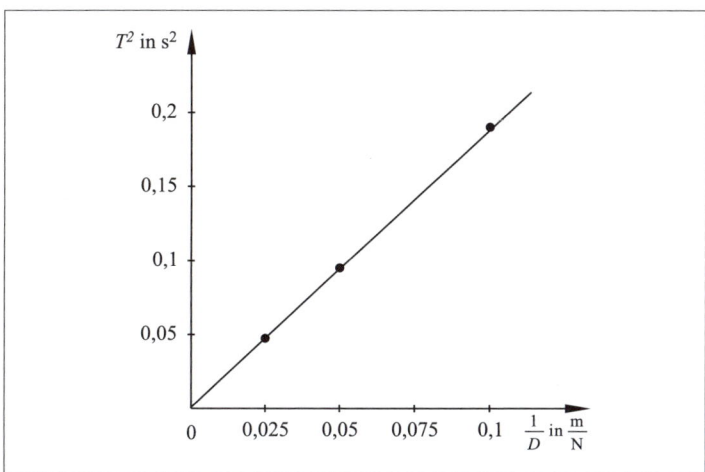

Ergebnis

$$T^2 \sim \frac{1}{D} \quad (m = \text{konstant})$$

b) Abhängigkeit der Schwingungsdauer T von der Pendelmasse m

Messprotokoll und rechnerische Auswertung
$D = 20{,}0 \frac{N}{m} = \text{konstant}$

m in kg	0,050	0,100	0,150
$10\,T$ in s	3,14	4,44	5,44
T in s	0,31	0,44	0,54
$\frac{T^2}{m}$ in $\frac{s^2}{kg}$	1,92	1,94	1,94

Grafische Auswertung im m-T^2-Diagramm

m in kg	0,050	0,100	0,150
T^2 in s²	0,096	0,190	0,290

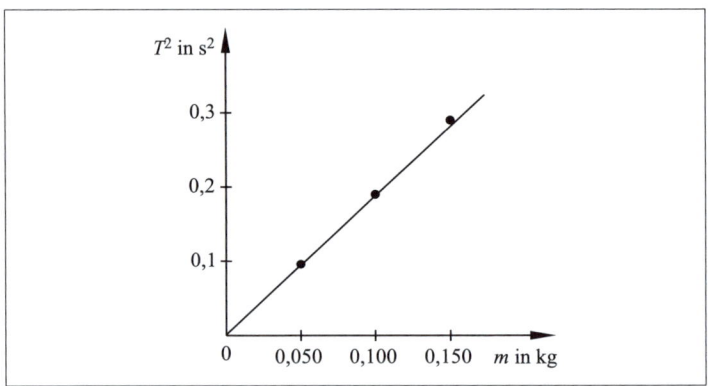

Ergebnis

$T^2 \sim m \qquad (D = \text{konstant})$

Zusammenfassung

Es gilt:

$$T^2 \sim \frac{1}{D} \qquad (m = \text{konstant})$$

$$T^2 \sim m \qquad (D = \text{konstant})$$

somit folgt

$$T^2 \sim \frac{m}{D}$$

oder

$$T^2 = k\,\frac{m}{D}$$

$$T = \sqrt{k} \cdot \sqrt{\frac{m}{D}}$$

Die Proportionalitätskonstante $\sqrt{k}$ ergibt sich aus den Messwerten

$T = 0,44\ \text{s}$

$m = 0,050\ \text{kg}$

$D = 10,0\ \dfrac{\text{N}}{\text{m}}$

Berechnung

$$\sqrt{k} = \frac{T}{\sqrt{\frac{m}{D}}}$$

$$\sqrt{k} = \frac{0,44\,\text{s}}{\sqrt{\frac{0,05\,\text{kg}}{10,0\,\frac{\text{N}}{\text{m}}}}} = 6,22$$

$$\sqrt{k} = 6,22$$

Das Ergebnis stimmt mit dem Sollwert 2π gut überein.
Somit ist gezeigt

$$T = 2\pi\sqrt{\frac{m}{D}}.$$

Aufgaben

10. Eine Schraubenfeder wird durch Anhängen eines Massestücks $m = 200$ g um 4,0 cm vorgespannt und anschließend in Schwingungen versetzt.

    a) Berechnen Sie die Schwingungsdauer des Federpendels.

    b) Welche Masse muss der schwingende Körper haben, damit sich die Schwingungsdauer verdoppelt, verdreifacht, ver-n-facht?

    c) Bei welcher Masse hat der schwingende Körper die Schwingungsdauer $T = 1,0$ s?

11. Eine Feder ($D = 20\,\frac{\text{N}}{\text{m}}$), an der ein Körper der Masse $m = 460$ g hängt, wird um 5,0 cm aus ihrer Ruhelage nach unten ausgelenkt. Zur Zeit $t = 0$ s wird der Körper losgelassen.

    a) Geben Sie mit eingesetzten Größenwerten die Elongation in Abhängigkeit von der Zeit an.

    b) Zeichnen Sie das t-s-Diagramm dieser harmonischen Schwingung für $0 \leq t \leq 2T$.

    c) Nach welcher Zeit t_2 hat der schwingende Körper das zweite Mal die Auslenkung $s = -3,0$ cm?

    d) Wie ändert sich die Schwingungsdauer T, wenn die Amplitude verdoppelt wird?

Kombination von Federn

Reihenschaltung   Parallelschaltung

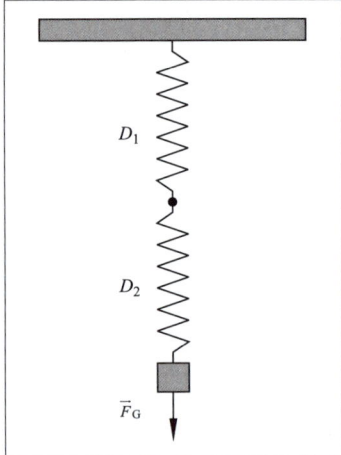

von Federn
mit den Feder-
konstanten
D_1 und D_2

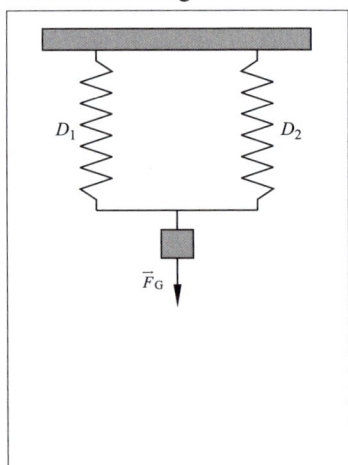

Wir bestimmen für die Reihen- bzw. Parallelschaltung von zwei Federn die jeweilige Federkonstante D der Anordnung.

$F = F_G$	Kraft auf die Federn	$F = F_1 + F_2$
$s = s_1 + s_2$	Verlängerung der Federn	$s = s_1 = s_2$
$\dfrac{F}{D} = \dfrac{F}{D_1} + \dfrac{F}{D_2}$	Hooke'sches Gesetz $F = Ds$	$Ds = D_1 s + D_2 s$

Für die Federkonstante der jeweiligen Anordnung gilt dann:

$$\frac{1}{D} = \frac{1}{D_1} + \frac{1}{D_2}$$

$$D = D_1 + D_2$$

Verallgemeinerung auf n Federn

$$\frac{1}{D} = \sum_{i=1}^{n} \frac{1}{D_i}$$

$$D = \sum_{i=1}^{n} D_i$$

Aufgabe

12. Gegeben ist folgende Versuchsanordnung:

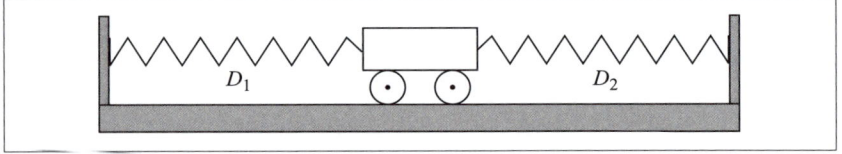

Bestimmen Sie die Federkonstante D der Anordnung.

7.7.2 Fadenpendel

Hängt ein Körper der Masse m an einem Faden der Länge ℓ, der an einem mit der Erde fest verbundenen Haken angebracht ist, so bezeichnet man diese Anordnung als Fadenpendel.

Überlegungen zur Gültigkeit des linearen Kraftgesetzes

Lenkt man den Pendelkörper aus der Ruhelage nach der Seite um den Winkel φ aus, so lässt sich die Gewichtskraft $\vec{F}_s$ auf den Pendelkörper in eine Komponente $\vec{F}_s$ (Spannkraft) längs des Fadens und eine Komponente $\vec{F}_r$ (Rückstellkraft) in Richtung der Bahntangente zerlegen.

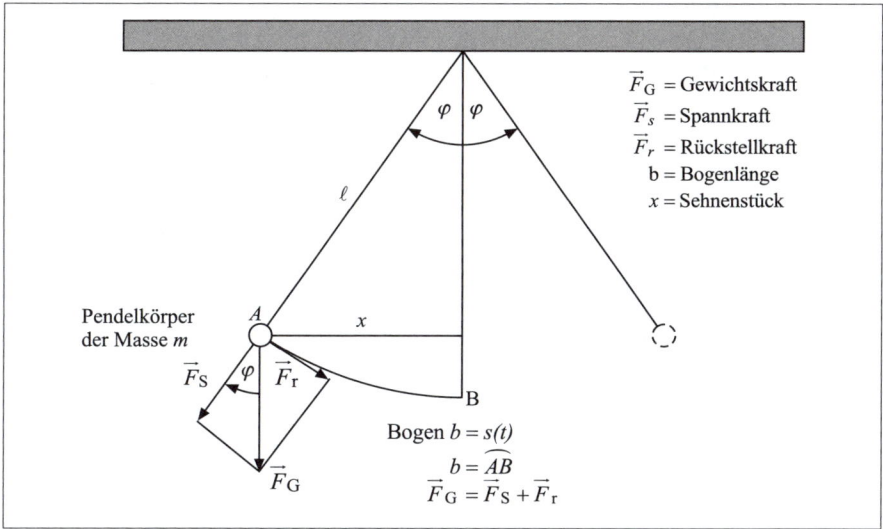

$\vec{F}_G$ = Gewichtskraft
$\vec{F}_s$ = Spannkraft
$\vec{F}_r$ = Rückstellkraft
b = Bogenlänge
x = Sehnenstück

Pendelkörper der Masse m

Bogen $b = s(t)$

$b = \widehat{AB}$

$\vec{F}_G = \vec{F}_S + \vec{F}_r$

Da φ und F_r entgegengesetzte Richtungen haben, gilt:

$$\vec{F}_r = -\vec{F}_G \sin(\varphi)$$

mit

$$\sin(\varphi) = \frac{x}{\ell}$$

folgt

$$F_r = -mg\,\frac{x}{\ell}$$

Die Größe $\frac{mg}{\ell}$ ist konstant und wird Richtgröße D genannt.

Es gilt somit:

$$F_r = -Dx$$

Mit

$$\varphi = \frac{s}{l}$$

und

$$\sin(\varphi) = \frac{x}{l}$$

sowie

$\sin(\varphi) \approx \varphi$ für kleine Winkel

folgt

$$x = s$$

d. h.

$$F_\mathrm{r} = -Ds \qquad \text{Lineares Kraftgesetz}$$

Für Winkel $\varphi < 0{,}24$ rad ($\varphi < 13°$) gilt für den prozentualen Fehler f_p:

$$f_\mathrm{p} = \left| \frac{\varphi - \sin(\varphi)}{\varphi} \right| \cdot 100\ \% < 1\ \%$$

Für Winkel $\varphi < 0{,}17$ rad ($\varphi < 10°$) gilt:

$$f_\mathrm{p} < 0{,}5\ \%$$

Ergebnis

Für kleine Auslenkungswinkel führt das Fadenpendel harmonische Schwingungen aus. In diesem Fall kann die Schwingungsdauer T in Abhängigkeit von der Fadenlänge ℓ angegeben werden.
Es gilt:

$$T = 2\pi \sqrt{\frac{m}{D}}$$

mit

$$D = \frac{mg}{\ell}$$

folgt

$$T = 2\pi \sqrt{\frac{m\ell}{mg}}$$

oder

$$T = 2\pi \sqrt{\frac{\ell}{g}}$$

Experimentelle Überprüfung der Formel $T = 2\pi\sqrt{\frac{\ell}{g}}$ für ein Fadenpendel

Versuchsaufbau

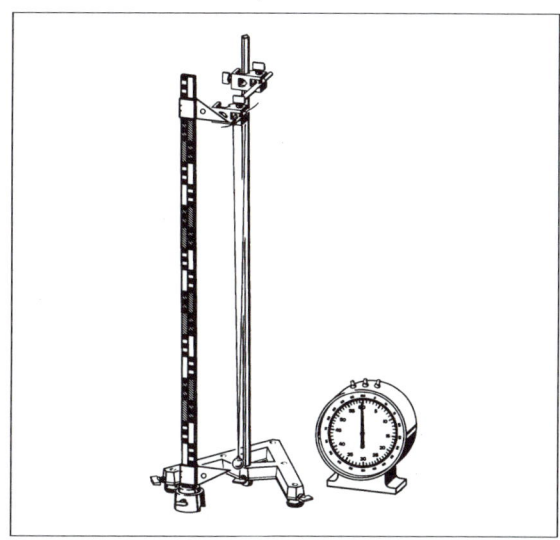

Versuchsdurchführung

Wir lenken den Pendelkörper aus seiner Ruhelage aus und messen die Zeit für 10
Schwingungen in Abhängigkeit von der Pendellänge ℓ.

Messprotokoll und grafische Auswertung

Versuchs-Nr.	1	2	3	4
ℓ in m	0,5	1,0	1,5	2,0
$10\,T$ in s	14	20	24	28

T in s	1,4	2,0	2,4	2,8
T^2 in s^2	2,0	4,0	5,8	7,8

Grafische Auswertung im ℓ-T^2-Diagramm

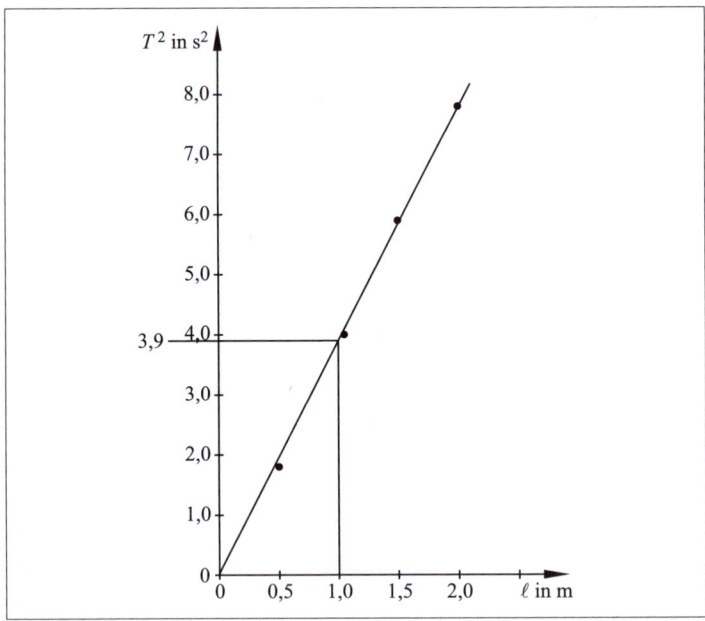

Ergebnis

$$T^2 \sim \ell$$

Somit folgt

$$T^2 = k\ell$$

Die Proportionalitätskonstante k ergibt sich aus den Messwerten von Nr. 4.

$$k = \frac{T^2}{\ell}$$

$$k = \frac{(2,8\,\text{s})^2}{2,0\,\text{m}}$$

$$k = 3,9\,\frac{\text{s}^2}{\text{m}}$$

Durch die Proportionalitätskonstante k ist der Ortsfaktor g eindeutig festgelegt.

Es gilt:

$$T = 2\pi\sqrt{\frac{\ell}{g}}$$

oder

$$T^2 = \frac{4\pi^2}{g} \cdot \ell$$

mit

$$k = \frac{4\pi^2}{g}$$

folgt

$$g = \frac{4\pi^2}{k}$$

Berechnung

$$g = \frac{4 \cdot (3,14)^2}{3,9 \, s^2 \, m^{-1}}$$

$$\mathbf{g = 10,0 \, m \, s^{-2}}$$

Aufgaben

13. Im Rahmen des Apolloprogramms wurde von den Astronauten folgendes Experiment auf dem Mond zur Bestimmung der Fallbeschleunigung mithilfe eines Fadenpendels unbekannter Länge durchgeführt. Sie bestimmten zunächst die Schwingungsdauer $T_1 = 4,0$ s und nach Verlängerung der Pendellänge um $\Delta \ell = 1,36$ m die Schwingungsdauer $T_2 = 7,0$ s.
Berechnen Sie aus den Messdaten die Fallbeschleunigung a_M auf dem Mond.

Erste bemannte Mondlandung
am 20. Juli 1969 mit Apollo 11

14. Ein Fadenpendel der Länge $\ell = 1,00$ m ist so aufgehängt, dass sich bei $a = 0,30$ m senkrecht unter dem Aufhängepunkt ein Stift P befindet, an den der Faden anschlägt und dabei geknickt wird (siehe Abb.).
Berechnen Sie die Schwingungsdauer des so genannten Galilei-Hemmungspendels.

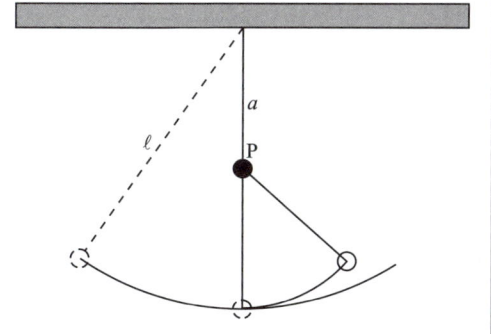

7.7.3 Flüssigkeit im U-Rohr

Versuchsaufbau

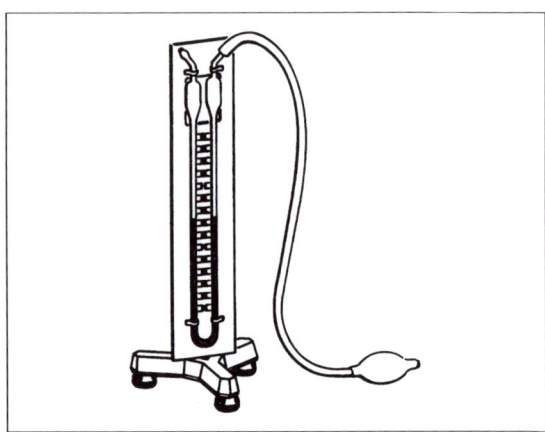

Versuchsdurchführung

In einem Glas-U-Rohr mit dem Querschnitt q befindet sich eine Flüssigkeit der Masse m und der Dichte ρ. Durch kurzzeitiges Einblasen von Luft versetzt man die Flüssigkeit in Schwingungen.

Ergebnis

Die Flüssigkeitssäule führt eine stark gedämpfte Schwingung aus.

Überlegungen zur Gültigkeit des linearen Kraftgesetzes

Bei Auslenkung der Flüssigkeitssäule um die Strecke s (siehe Skizze) ergibt sich für die Rückstellkraft F_r

$$F_r = \Delta m \; g$$

mit

$$\Delta m = \rho \; \Delta V$$

folgt

$$F_r = \rho \; \Delta V \; g$$

mit

$$\Delta V = q \cdot 2s$$

ergibt sich

$$F_r = 2 \rho \; qg \; s$$

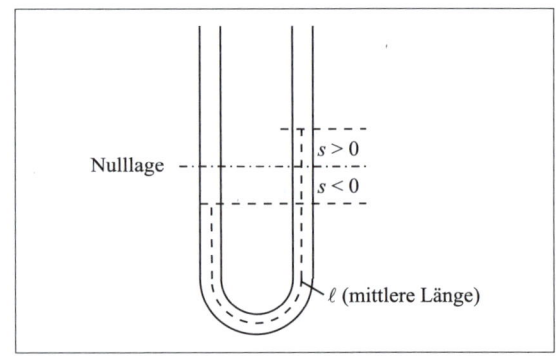

Bei Berücksichtigung der entgegengesetzten Orientierung von s und F_r folgt

$$F_r = -2 \rho \; qg \; s$$

Es gilt:

$$2\,\rho\,qg = \text{konstant} = D \quad \text{(Richtgröße)}$$

Somit folgt:

$$F_r = -Ds \qquad \text{Lineares Kraftgesetz}$$

Für die ungedämpft schwingende Flüssigkeitssäule gilt das lineare Kraftgesetz, es handelt sich somit um eine harmonische Schwingung.
Die Schwingungsdauer T dieser Schwingung kann in Abhängigkeit von der mittleren Länge ℓ (siehe Skizze) angegeben werden.
Es gilt allgemein:

$$T = 2\pi\sqrt{\frac{m}{D}}$$

mit

$$D = 2\,\rho\,qg$$

und

$$m = q \cdot \ell\rho \quad (m \text{ ist die Masse der gesamten eingefüllten Flüssigkeit im U-Rohr})$$

folgt

$$T = 2\pi\sqrt{\frac{q\,\ell\,\rho}{2\rho\,qg}}$$

bzw.

$$T = 2\pi\sqrt{\frac{\ell}{2g}}$$

Diese Formel kann in guter Näherung experimentell bestätigt werden.

Aufgabe

15. a) Berechnen Sie die Schwingungsdauer der Flüssigkeitssäule für Wasser und Benzin, wenn die Flüssigkeitssäule die Masse $m = 0{,}3$ kg und der Querschnitt q des U-Rohrs 1,5 cm^2 beträgt.

b) Welche Geschwindigkeit hat die Flüssigkeitsoberfläche beim Durchgang durch die Ruhelage, wenn die Amplitude $A = 1{,}0$ cm beträgt?

7.8   Periodische Energieumwandlung

Für einen harmonischen Schwinger gilt das lineare Kraftgesetz

$$F(s) = -D \cdot s$$

Dabei ist die Gleichgewichtslage des Schwingers durch die Auslenkung $s = 0$ gekennzeichnet, die maximale Auslenkung durch die Amplitude A.

Wählt man das Nullniveau der potenziellen Energie E_p des harmonischen Schwingers in der Gleichgewichtslage, so erhält man für die potenzielle Energie in Abhängigkeit von der Elongation s

$$E_p(s) = \frac{1}{2} D \cdot s^2.$$

In der Gleichgewichtslage ist die potenzielle Energie minimal, in den Endlagen besitzt sie ein Maximum.

s-E_p-Diagramm

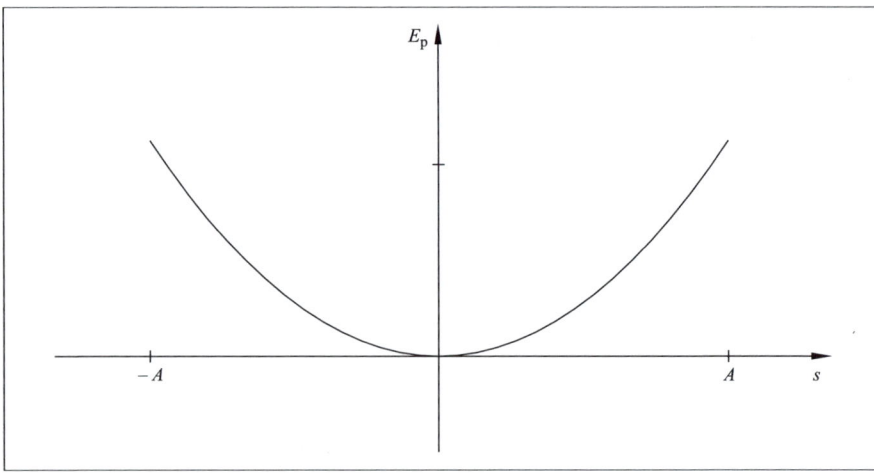

Mit der Zeit-Weg-Gleichung der harmonischen Schwingung

$$s(t) = A \cdot \sin(\omega t + \varphi_0)$$

ergibt sich die potenzielle Energie E_p in Abhängigkeit von der Zeit t

$$E_p(t) = \frac{1}{2} D (A \cdot \sin(\omega t + \varphi_0))^2$$

oder

$$E_p(t) = \frac{1}{2} DA^2 \cdot \sin^2(\omega t + \varphi_0)$$

Die kinetische Energie E_k des Schwingers ist

$$E_k = \frac{1}{2} m v^2$$

mit

$$v(t) = A \,\omega \cos(\omega t + \varphi_0)$$

folgt

$$E_k(t) = \frac{1}{2} m (A \cdot \omega \cos(\omega t + \varphi_0))^2$$

oder

$$E_k(t) = \frac{1}{2} m \,\omega^2 A^2 \cos^2(\omega t + \varphi_0)$$

mit

$$D = m \,\omega^2$$

ergibt sich

$$E_k(t) = \frac{1}{2} D A^2 \cdot \cos^2(\omega t + \varphi_0)$$

Für die Gesamtenergie E_{ges} des Schwingers folgt

$$E_{ges} = E_p(t) + E_k(t)$$

Somit

$$E_{ges} = \frac{1}{2} D A^2 \cdot \sin^2(\omega t + \varphi_0) + \frac{1}{2} D A^2 \cdot \cos^2(\omega t + \varphi_0)$$

$$E_{ges} = \frac{1}{2} D A^2 \cdot \left(\sin^2(\omega t + \varphi_0) + \cos^2(\omega t + \varphi_0) \right)$$

mit

$$\sin^2(\omega t + \varphi_0) + \cos^2(\omega t + \varphi_0) = 1$$

folgt

$$E_{ges} = \frac{1}{2} D A^2$$

Ergebnis

Die Gesamtenergie E_{ges} des harmonischen Schwingers ist konstant (zeitunabhängig), sie ist gleich der potenziellen Energie, die bei der ersten Auslenkung in das schwingungsfähige System hineingesteckt wurde. Die beiden Energieformen wandeln sich periodisch ineinander um.

t-E-**Diagramm** ($\varphi_0 = \frac{\pi}{2}$)

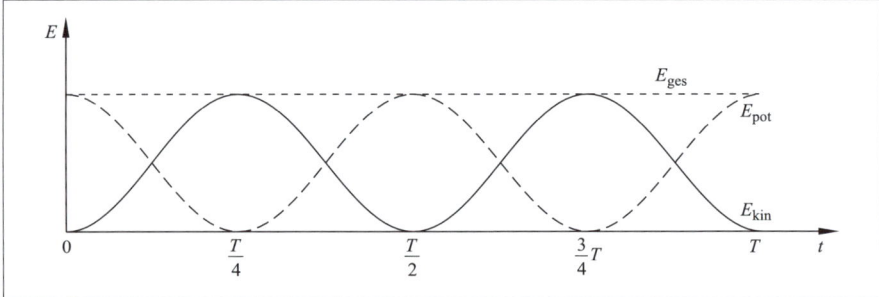

Aufgaben

16. An einer Schraubenfeder mit der Federkonstanten $D = 60{,}0 \, \frac{N}{m}$ wird ein Körper der Masse $m = 550$ g angehängt. Der Körper wird 3,4 cm aus seiner Ruhelage nach unten ausgelenkt und losgelassen, sodass er sich zum Zeitpunkt $t = 0$ s gerade im unteren Umkehrpunkt befindet.

   a) Berechnen Sie die Geschwindigkeit des Körpers beim Passieren der Ruhelage.

   b) Leiten Sie allgemein mithilfe des linearen Kraftgesetzes die Formel für die Schwingungsdauer dieses Federpendels her.

   c) Berechnen Sie die Schwingungsdauer der harmonischen Schwingung des Federpendels.

   d) Geben Sie mit eingesetzten Größenwerten die Zeit-Weg-Gleichung für die Bewegung des schwingenden Körpers an.

   e) Der schwingende Körper erreicht eine maximale Geschwindigkeit von 36 cm s^{-1}. Berechnen Sie den Zeitpunkt t_1, in dem er zum ersten Male die Geschwindigkeit $v_1 = 32$ cm s^{-1} erreicht.

   f) Wie groß ist der Betrag der rücktreibenden Kraft zu diesem Zeitpunkt t_1?

   g) Bei einer bestimmten Elongation s_2 ist die Spannenergie des Federpendels gleich der Bewegungsenergie des schwingenden Körpers. Berechnen Sie mithilfe der bisherigen Ergebnisse diese Elongation.

17. Ein Körper der Masse $m = 450$ g schwingt harmonisch. Die Schwingungsdauer beträgt 1,5 s und die Amplitude 12,0 cm. Zur Zeit $t = 0$ s schwingt der Körper durch die Ruhelage nach unten.

   a) Welche Elongation hat der Körper zur Zeit $t = 0{,}8$ s? Wann erreicht er zum ersten Mal die Elongation $-9{,}0$ cm?

b) Welche Geschwindigkeit hat der Körper zur Zeit $t = 0,8$ s?
Wann erreicht er zum zweiten Mal die Geschwindigkeit 40,0 cm s^{-1} ?

c) Wie groß sind die kinetische und potenzielle Energie des Körpers zur Zeit $t = 0,8$ s?

18. Ein Federpendel mit $D = 20,0 \frac{N}{m}$ und $m = 630$ g wird zu harmonischen Schwingungen angeregt.

a) Stellen Sie allgemein die Gesamtenergie des schwingenden Pendelkörpers in Abhängigkeit von der Amplitude A dar.

b) Geben Sie mit eingesetzten Größenwerten die Gleichung der Gesamtenergie in Abhängigkeit von der Amplitude an und stellen Sie die Gesamtenergie grafisch in einem A-E-Diagramm dar.

c) Der Körper wird nun um $A_1 = 3,0$ cm aus seiner Ruhelage ausgelenkt. Stellen Sie die potenzielle, kinetische und die Gesamtenergie für diese Schwingung in einem s-E-Diagramm grafisch dar.

d) Berechnen Sie die Elongation s_1, bei der die potenzielle und kinetische Energie gleich groß sind.

7.9 Freie und erzwungene Schwingung

Wir betrachten ein frei schwingendes Federpendel bzw. die Parallelprojektion einer Kreisbewegung.

Versuchsaufbau

Freie Schwingung
Federpendel (gedämpft)

erzwungene Schwingung
Projektion einer Kreisbewegung
(ungedämpft)

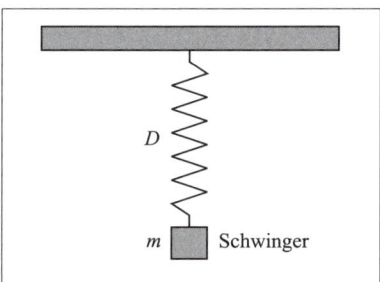

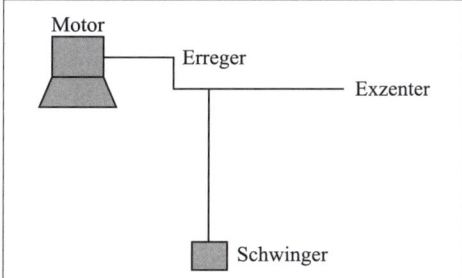

Versuchsdurchführung

Wir registrieren das t-s-Diagramm beider Schwingungen mithilfe des Weg-Spannung-Wandlers.

t-s-Diagramme

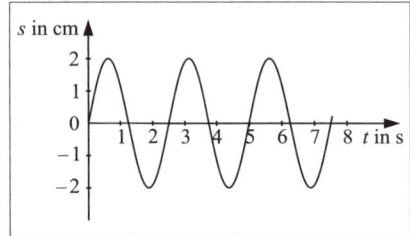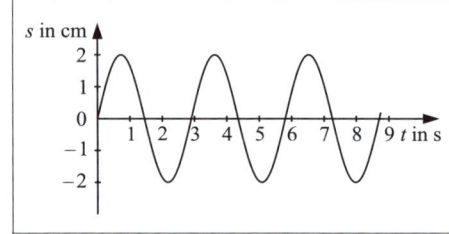

Ergebnisse

Das Federpendel führt (schwach) gedämpfte Schwingungen einer ganz bestimmten Frequenz aus. Diese wird Eigenfrequenz f_0 genannt. Es gilt:

$$f_0 = \frac{1}{T} = \frac{1}{2\pi} \sqrt{\frac{D}{m}}$$

Die Frequenz des Schwingers ist gleich der Frequenz des Erregers.
Die erzwungene Schwingung ist ungedämpft. Die Energieverluste infolge der Dämpfung werden durch den Erreger laufend ausgeglichen.

7.10 Erzwungene Schwingung eines Federpendels (Resonanz)

Schwingungsfähige Systeme können unter dem Einfluss innerer Kräfte nur mit ihren Eigenfrequenzen schwingen. Das System kann zu Schwingungen mit anderen Frequenzen gezwungen werden, indem man eine periodisch veränderliche Kraft (Erreger) mit der gewünschten Frequenz auf das System (Resonator) einwirken lässt. Im Folgenden werden nur periodisch veränderliche Kräfte betrachtet, für die gilt:

$$F(t) = F_0 \sin(\omega t)$$
$$\text{oder} \quad F(t) = F_0 \sin(2\pi f t)$$

In diesem Fall spricht man von einer harmonischen Erregung mit der Erregerfrequenz f.

7.10.1 Qualitative Untersuchung der Resonanz

Versuchsaufbau

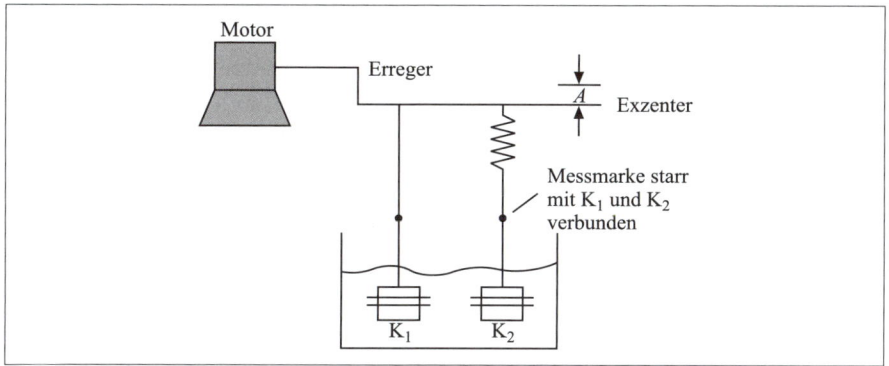

Versuchsdurchführung

Der Körper K_1 ist mit einem Faden, der Körper K_2 mit einem Faden und einer zwischengeschalteten Schraubenfeder (Eigenfrequenz f_0) am Exzenter befestigt. K_1 und K_2 befinden sich zur Dämpfung in einer mit Wasser gefüllten Wanne.
Durch Variieren der Motordrehzahl können unterschiedliche Erregerfrequenzen f eingestellt werden. Das Fadenende am Exzenter führt jeweils Schwingungen mit der Erregeramplitude A aus. Die Körper K_1 und K_2 werden mit der Erregerfrequenz f gehoben und gesenkt. Wir steigern die Erregerfrequenz f bei kleinen Werten beginnend und beobachten die Bewegung der Körper K_1 und K_2.

Ergebnis

K_1 und K_2 bewegen sich zunächst mit gleicher Amplitude gleichzeitig auf und ab. Bei zunehmender Erregerfrequenz vergrößert sich die Amplitude A_s des Resonators K_2, während die Amplitude des Körpers K_1 gleich der Erregeramplitude bleibt. Bei einer bestimmten Frequenz hat der Resonator K_2 eine maximale Amplitude. Oberhalb dieser Frequenz nimmt die Resonatoramplitude ab. Man bezeichnet diese Frequenz als **Resonanzfrequenz.**
Bei kleinen Erregerfrequenzen schwingen K_1 und K_2 annähernd gleichphasig, während bei größeren Erregerfrequenzen eine Phasenverschiebung zwischen K_1 und K_2 auftritt.

7.10.2 Quantitative Untersuchung der Resonanz

Wir verwenden ein Drehpendel, das zu erzwungenen Schwingungen angeregt werden kann. Zur Ermittlung der Amplitude des Resonators bzw. der Phasenverschiebung zwischen Erreger und Resonator besitzt das Resonanzgerät (Pohl'sches Pendel) je einen Schreiberanschluss zur Aufzeichnung der Erreger- bzw. Resonatorschwingung.

Um den Einfluss der Dämpfung auf die Schwingung des Resonators untersuchen zu können, besitzt das Gerät eine Wirbelstrom- und eine Reibungsdämpfung.

Versuchsaufbau

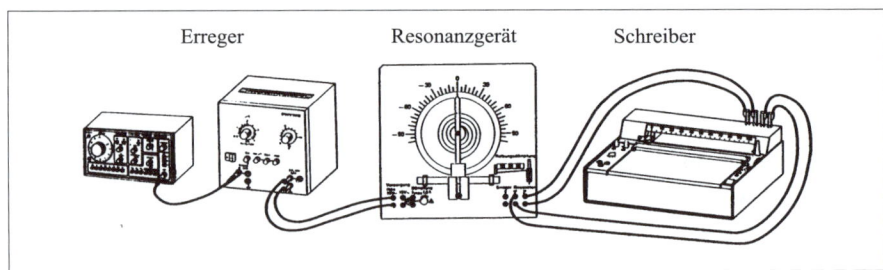

Versuchsdurchführung

Wir registrieren die Amplitude des Resonators bzw. die Phasenverschiebung zwischen Erreger und Resonator in Abhängigkeit von der Erregerfrequenz bei unterschiedlicher Dämpfung (Wirbelstromdämpfung) und bestimmen jeweils die Eigenfrequenz des Resonators.

Messprotokoll zur Amplitudenänderung

a) kleine Dämpfung (Feldspulenstrom: $I = 230$ mA)
    Eigenfrequenz des Resonators: $f_0 = 502$ mHz

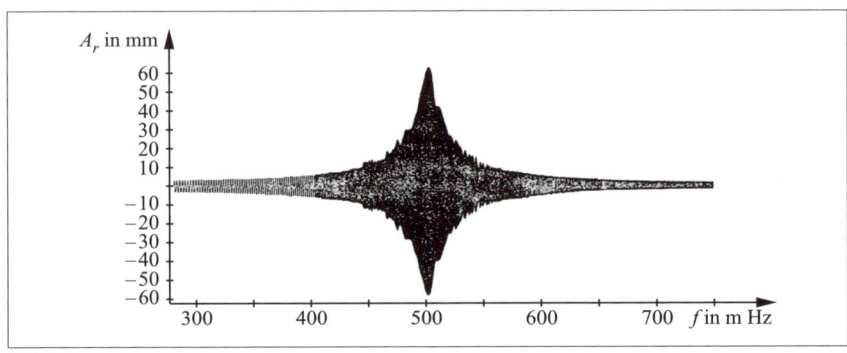

b) mittlere Dämpfung (Feldspulenstrom: $I = 330$ mA)
Eigenfrequenz des Resonators: $\qquad f_0 = 499$ mHz

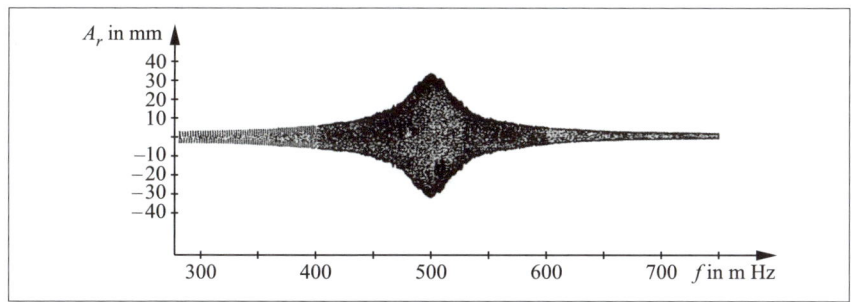

c) große Dämpfung (Feldspulenstrom: $\qquad I = 500$ mA)
Eigenfrequenz des Resonators: $\qquad f_0 = 490$ mHz

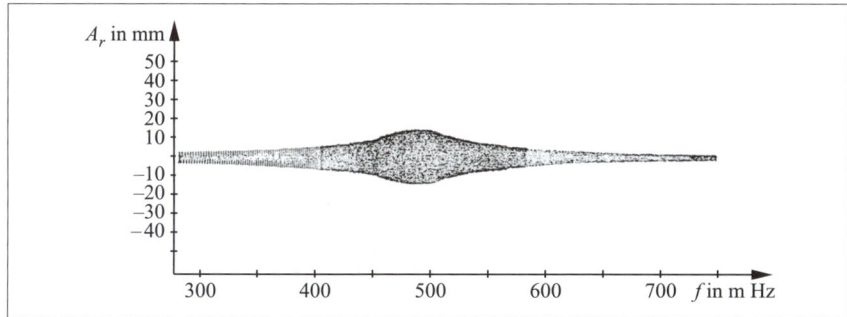

Auswertung

Wir stellen die Amplitudenänderung des Resonators in Abhängigkeit von der Erregerfrequenz f mithilfe einer Wertetabelle in einem f-A_r-Diagramm grafisch dar.

	f in m Hz	300	350	400	450	490	499	502	550	600	650	700
a)	A_r in mm	3	4	6	12	30	47	61	12	6	3	2
b)	A_r in mm	3	4	6	12	29	37	31	9	4	3	2
c)	A_r in mm	3	4	6	10	15	14	13	7	3	2	2

f-A_r-Diagramm (Resonanzkurven)

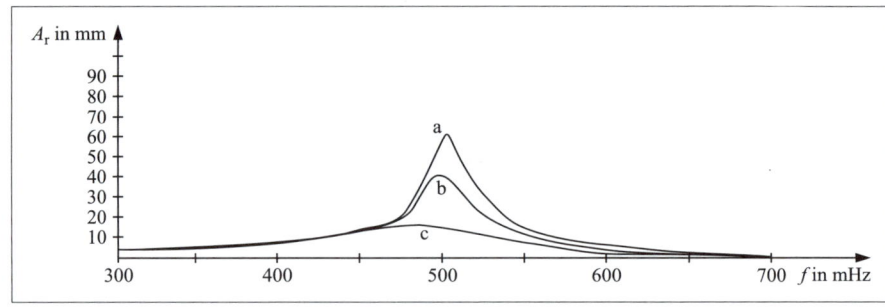

Ergebnis

1. Wird der Schwinger jeweils mit seiner Eigenfrequenz f_0 angeregt, so ist die Resonatoramplitude maximal.
2. Die Eigenfrequenz verringert sich mit zunehmender Dämpfung.

Messprotokoll zur Phasenverschiebung

Die nachfolgenden Diagramme wurden mithilfe eines Zusatzgerätes aufgezeichnet. Dieses Gerät erlaubt es, die Phasendifferenz zwischen Erreger und Resonator direkt zu registrieren.

a) kleine Dämpfung (Feldspulenstrom: $I = 230$ mA)
   Eigenfrequenz des Resonators: $f_0 = 502$ mHz

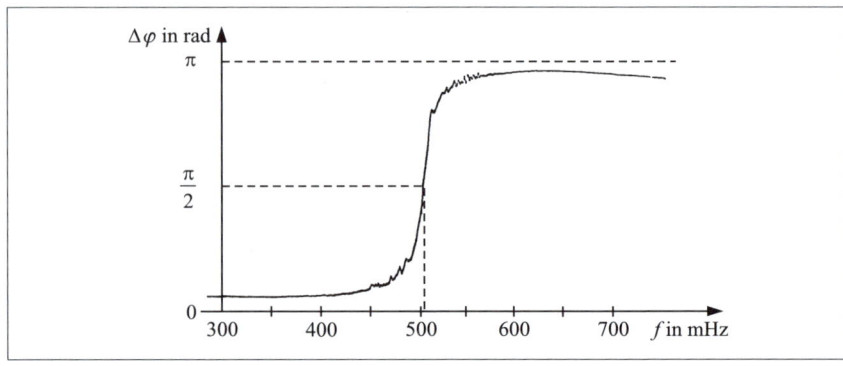

b) mittlere Dämpfung (Feldspulenstrom: $I = 330$ mA)
   Eigenfrequenz des Resonators: $f_0 = 499$ mHz

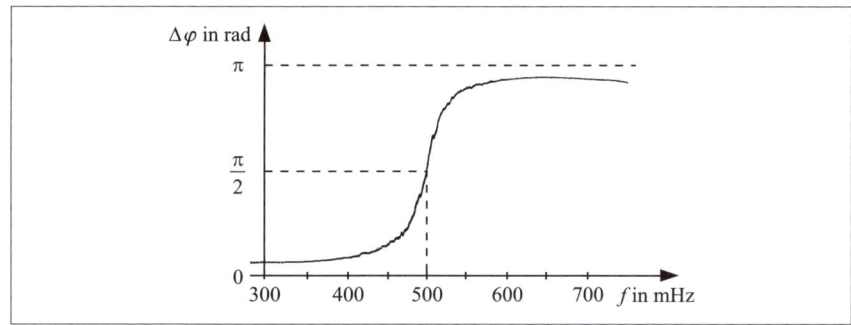

c) große Dämpfung (Feldspulenstrom: $I = 500$ mA)
   Eigenfrequenz des Resonators: $f_0 = 490$ mHz

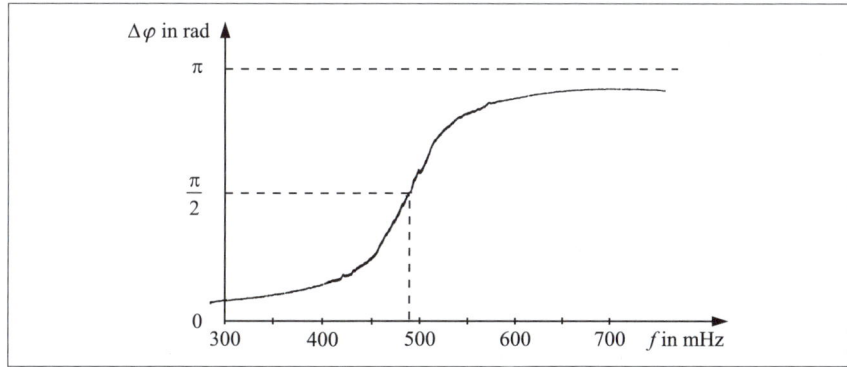

Auswertung

Wir stellen die Phasenverschiebung $\Delta\varphi$ zwischen Erreger und Resonator mithilfe einer Wertetabelle in einem f-$\Delta\varphi$-Diagramm grafisch dar.

	f in m Hz	300	350	400	450	490	499	502	550	600	650
a)	$\Delta\varphi$ in rad	0,16	0,18	0,20	0,28	0,82	1,56	1,75	2,98	3,04	3,04
b)	$\Delta\varphi$ in rad	0,18	0,20	0,28	0,48	1,20	1,57	1,94	2,86	3,00	3,02
c)	$\Delta\varphi$ in rad	0,26	0,34	0,48	0,82	1,57	1,90	2,00	2,64	2,82	2,92

f-$\Delta\varphi$-Diagramm

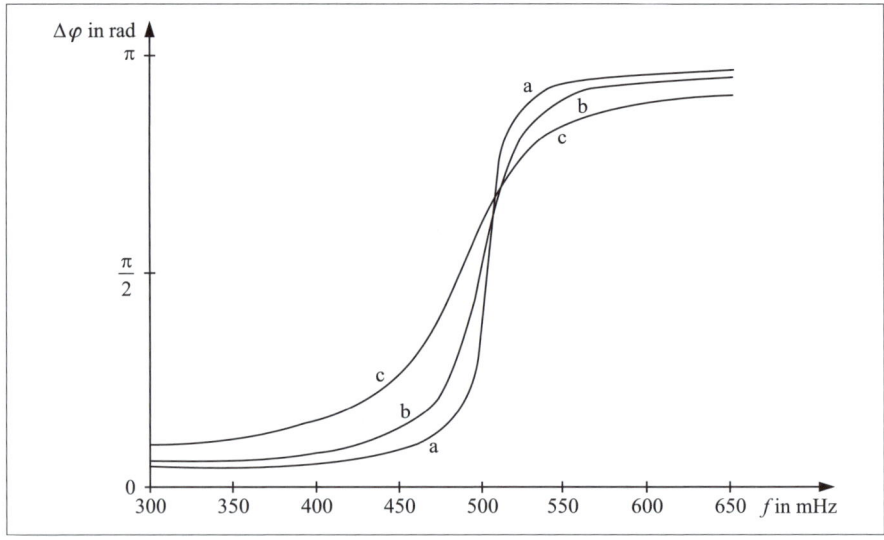

Ergebnis

Die Phasenverschiebung $\Delta\varphi$ nimmt mit wachsender Erregerfrequenz f stetig zu und hat bei der Eigenfrequenz f_0 den Wert $\Delta\varphi = \frac{\pi}{2}$. Für große Frequenzen $(f \gg f_0)$ nähert sich die Phasenverschiebung asymptotisch dem Wert π.

Die Phasenverschiebung zwischen Erreger und Resonator ist dämpfungsabhängig. Bei kleiner Dämpfung schwingen Erreger und Resonator unterhalb der Eigenfrequenz f_0 länger im Gleichtakt und oberhalb der Eigenfrequenz f_0 früher im Gegentakt als bei großer Dämpfung.

7.10.3 Erklärung der Resonanz

Bei der Resonanzfrequenz f_0 ist die Energieübertragung vom Erreger zum Schwinger (Resonator) maximal. Dies zeigt sich dadurch, dass bei dieser Frequenz die Amplitude des Resonators ein Maximum hat.

Im Resonanzfall gilt für den Resonator:
$$s_r(t) = A_r \sin(\omega_0 t)$$
bzw. $\quad v_r(t) = A_r \omega_0 \cos(\omega_0 t)$
oder $\quad v_r(t) = v_0 \cos(\omega_0 t)$

Für die Kraft des Erregers auf den Schwinger gilt wegen der Phasenverschiebung $\Delta\varphi = \frac{\pi}{2}$:
$$F(t) = F_0 \cos(\omega_0 t),$$

d. h. im Resonanzfall sind Erregerkraft und die Geschwindigkeit des Resonators in Phase. Die Momentanleistung bei der Bewegung des Schwingers kann mithilfe der Formel

$$P(t) = F(t) \cdot v_r(t)$$

bestimmt werden.

Es gilt:

$$P(t) = (F_0 \cos(\omega_0 t)) \cdot (v_0 \cos(\omega_0 t))$$

oder $\quad P(t) = F_0 v_0 \cos^2(\omega_0 t)$

Die Leistung ist in jedem Augenblick positiv, deshalb ist die während einer Periode T vom Resonator aufgenommene Energie maximal.

Turbinenläufer einer Dampfturbine mit Resonanzkurve

f-P-Diagramm

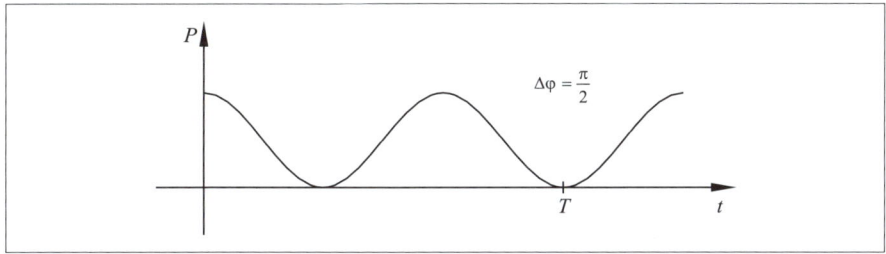

Sind Kraft und Geschwindigkeit nicht in Phase, so treten während einer Schwingungsperiode in dem Produkt $F(t) \cdot v_r(t)$ auch negative Werte auf, d. h. der Resonator erhält während einer Periode weniger Energie als im Resonanzfall.

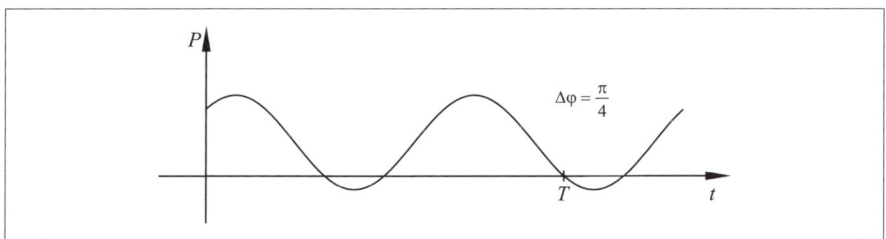

Bemerkung

Die Resonanz ist das wichtigste Phänomen, das bei erzwungenen Schwingungen auftritt. Die Schwingungsamplitude kann (bei geringer Dämpfung) Werte erreichen, welche die Zerstörung des Systems zur Folge haben (Resonanzkatastrophe, z. B. Einsturz einer Brücke).

Aufgaben

19. Ein Auto mit einer Gewichtskraft von 7500 N schwingt leer mit einer Frequenz von 1,0 Hz auf den Achsfedern. Welche Schwingungsdauer hat es, wenn es mit 5 Personen mit einer Gewichtskraft von je 750 N besetzt wird? (Die Federn seien gleichmäßig belastet.)

20. Die Welle eines Schwungrades biegt sich unter dessen Gewichtskraft $F_G = 1200$ N um $x = 1,5$ mm durch. Wie groß sind
    a) die Federkonstante D der Welle;
    b) die Schwingungsdauer T einer Eigenschwingung;
    c) die kritische Drehzahl pro Minute?
    Die Gewichtskraft der Welle ist zu vernachlässigen.

21. Ein Wagen der Masse $m = 50$ g befindet sich zwischen zwei Federn mit der gleichen Federkonstanten (siehe Abb.). Die Feder auf der rechten Seite der Versuchsanordnung ist mit einem Exzenter E verbunden.

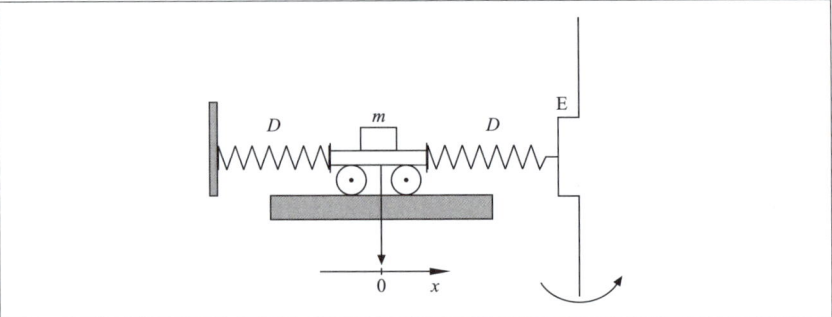

Im Folgenden werden die Reibung und die Federmasse vernachlässigt.

a) Der Exzenter ist zunächst in Ruhe. Der Wagen wird mit der Kraft $F = 1,5$ N um $s = 5,0$ cm aus der Nulllage nach links ausgelenkt.
Ermitteln Sie rechnerisch die Federkonstante D_A dieser Anordnung sowie die Federkonstante D einer Einzelfeder.

b) Nun wird der Exzenter in Rotation mit einer konstanten Drehfrequenz f versetzt.
Ermitteln Sie rechnerisch die Federkonstante D^* dieser Anordnung.

c) Der Exzenter wird nun in Rotation versetzt, wobei seine Drehfrequenz f von 0 Hz an allmählich bis 8,0 Hz gesteigert wird.
Beschreiben Sie, wie sich die Amplitude A der Wagenschwingung und die Phasendifferenz $\Delta\varphi$ zwischen Erreger- und Wagenschwingung in Abhängigkeit von der Drehfrequenz f verhalten.

Kraftstoß und Impuls

8   Kraftstoß

Ein Körper bewegt sich zunächst mit der konstanten Geschwindigkeit v_1. Im Zeitintervall Δt wirkt auf ihn eine konstante Kraft vom Betrag F. Dadurch wächst die Geschwindigkeit um Δv auf v_2 an.

t-v-Diagramm

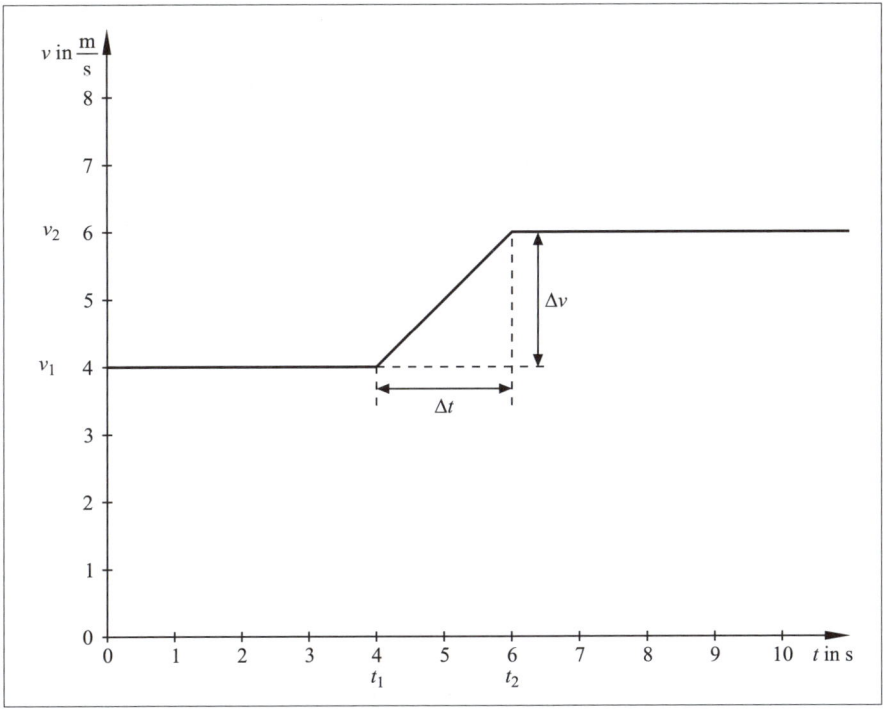

Nach dem 2. Newton'schen Gesetz gilt:

$$F = m \cdot a.$$

Die konstante Beschleunigung a ergibt sich zu

$$a = \frac{\Delta v}{\Delta t}$$

Somit folgt:

$$F = m \cdot \frac{\Delta v}{\Delta t} \quad \text{oder} \quad F \cdot \Delta t = m \cdot \Delta v$$

Die Erfahrung zeigt, dass die Geschwindigkeitsänderung $\Delta v = v_2 - v_1$ eines Körpers sowohl von der Kraft F als auch von der Dauer Δt ihrer Einwirkung auf den Körper abhängt.
Es hat sich als zweckmäßig erwiesen, das Produkt

$$F \cdot \Delta t$$

als neue physikalische Größe einzuführen.

Definition
Unter dem Kraftstoß I versteht man das Produkt aus der Kraft $\vec{F}$ und der Zeit Δt ihrer Einwirkung.

$$\vec{I} = \vec{F} \cdot \Delta t \qquad \text{(Vektorgleichung)}$$

$$I = F \cdot \Delta t \qquad \text{(Betragsgleichung)}$$

Einheit: 1 Ns (Newtonsekunde)

Der Kraftstoß ist eine vektorielle physikalische Größe.
Ändert sich die Kraft während eines Stoßes, so kann der Kraftstoß als Fläche unter dem Graphen im t-F-Diagramm bestimmt werden.

t-F-Diagramm

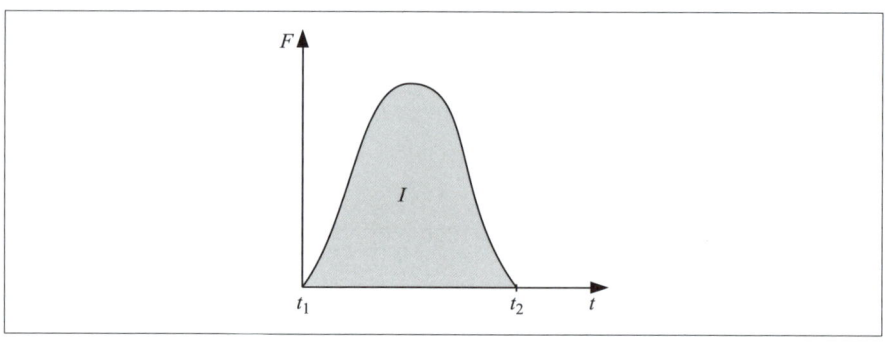

$$I = \int_{t_1}^{t_2} F(t)\, \mathrm{d}t$$

9 Impuls

Wir betrachten die Gleichung S. 76 oben:

$$F \cdot \Delta t = m \cdot \Delta v$$

Der Rechtsterm dieser Gleichung kann ausführlich geschrieben werden:

$$F \cdot \Delta t = m \cdot (v_2 - v_1)$$
$$F \cdot \Delta t = m \cdot v_2 - m \cdot v_1$$

Es erweist sich als vorteilhaft, das Produkt $m \cdot v$ als neue physikalische Größe zu definieren.

Definition

Unter dem Impuls $\vec{p}$ eines Körpers versteht man das Produkt aus seiner Masse m und seiner Geschwindigkeit $\vec{v}$.

$$\vec{p} = \vec{m} \cdot \vec{v} \qquad \text{(Vektorgleichung)}$$

$$p = m \cdot v \qquad \text{(Betragsgleichung)}$$

Einheit: $1 \text{ kg m s}^{-1} = 1 \text{ Ns}$

Zusammenhang zwischen Kraftstoß und Impuls

Wendet man auf die Gleichung $F \cdot \Delta t = m \cdot v_2 - m \cdot v_1$ die Impulsdefinition an, so erhält man den Zusammenhang zwischen Kraftstoß und Impuls:

$$F \cdot \Delta t = p_2 - p_1$$
$$F \cdot \Delta t = \Delta p$$
$$I = \Delta p,$$

d. h. der Kraftstoß auf einen Körper ist gleich der Impulsänderung.

Unter Verwendung der Größe Impuls kann das 2. Newton'sche Gesetz verallgemeinert werden:

$$\vec{F} = m \cdot \vec{a}$$
$$\vec{F} = m \cdot \frac{\Delta \vec{v}}{\Delta t}$$
$$\vec{F} = \frac{m \cdot \Delta \vec{v}}{\Delta t}$$
$$\vec{F} = \frac{m \cdot (\vec{v}_2 - \vec{v}_1)}{\Delta t}$$
$$\vec{F} = \frac{m \cdot \vec{v}_2 - m \cdot \vec{v}_1}{\Delta t}$$
$$\vec{F} = \frac{\vec{p}_2 - \vec{p}_1}{\Delta t}$$
$$\vec{F} = \frac{\Delta \vec{p}}{\Delta t}.$$

Wenn die Kraft $\vec{F}$ nicht konstant ist, gibt diese Gleichung nur den mittleren Wert an. Den Momentanwert erhält man durch den Grenzübergang $\Delta t \to 0$:

$$\vec{F}(t) = \lim_{\Delta t \to 0} \frac{\Delta \vec{p}}{\Delta t}$$

$$\vec{F} = \frac{d\vec{p}}{dt} = \dot{\vec{p}} \qquad \text{(Vektorgleichung)}$$

$$F = \frac{dp}{dt} = \dot{p} \qquad \text{(Betragsgleichung)}$$

Allgemein gilt:

$$\frac{d}{dt} p = \frac{d}{dt} (mv)$$

$$\frac{d}{dt} p = \frac{dm}{dt} \cdot v + m \cdot \frac{dv}{dt}$$

Für konstante Masse m ergibt sich wegen

$$\frac{dm}{dt} = 0$$

der Sonderfall

$$\frac{d}{dt} p = m \cdot \frac{dv}{dt}$$

Oftmals kann man bei Bewegungsänderungen eines Körpers den Beschleunigungsvorgang nicht beobachten, weil die Zeitdauer zu kurz ist. Beispielsweise sind die Einzelheiten beim Auffahrunfall eines Fahrzeuges auf ein starres Hindernis ohne technische Hilfsmittel nicht beobachtbar.

Solche Vorgänge heißen Stöße. Die hierbei auftretenden Impulsänderungen $\Delta \vec{p}$ sind umso größer, je größer die angreifende Kraft $\vec{F}$ und je länger die Stoßdauer Δt ist.

Aufgaben

22. Bei einem Crashtest fährt ein Auto der Masse $m = 1,2$ t mit der Geschwindigkeit $v = 126$ km h^{-1} gegen eine Wand. Das Fahrzeug kommt nach 0,2 s zum Stehen. Berechnen Sie den Kraftstoß und die mittlere Kraft.

23. Eine Rakete hat beim Start die Masse $m_R = 250$ t und soll senkrecht zur Erdoberfläche abheben.

a) Berechnen Sie die Schubkraft F_1, die beim Raketenstart wirken muss, damit die Rakete von der Erdoberfläche gerade abheben kann.

b) Pro Sekunde werden 850 kg Verbrennungsgase mit der Geschwindigkeit $v = 3,5$ km s^{-1} relativ zur Erde ausgestoßen. Berechnen Sie die jetzt auftretende Schubkraft F_2 und die Beschleunigung a der Rakete.

10 Gesetz der Impulserhaltung

Versuch 1

Versuchsaufbau

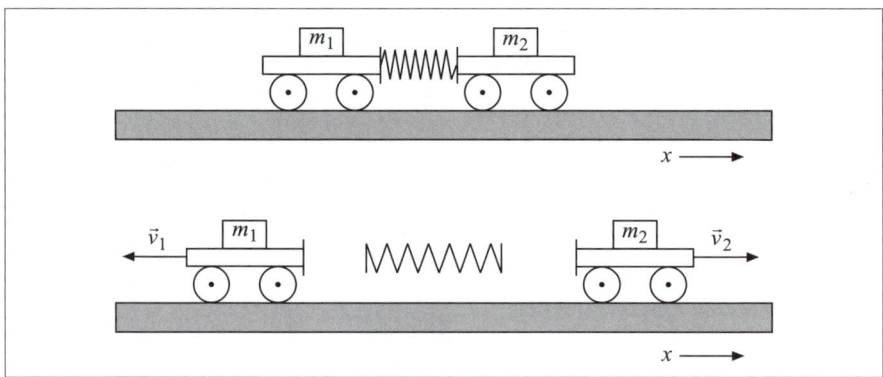

Versuchsdurchführung

Zwischen zwei ruhenden Wagen der Massen m_1 und m_2 befindet sich eine gespannte Feder. Die beiden Wagen werden durch einen Faden zusammengehalten. Für den Gesamtimpuls der beiden Wagen gilt:

$$\vec{p}_{\text{Ges}} = \vec{p}_1 + \vec{p}_2 = m_1 \cdot 0 + m_2 \cdot 0 = 0$$

Wird der Faden durchgebrannt, so stößt die Feder die Wagen mit zwei gleich großen, aber entgegengesetzt gerichteten Kräften $\vec{F}_1$ und $\vec{F}_2$ auseinander (3. Newton'sches Gesetz). Die Beträge von Kraft und Gegenkraft nehmen während der Entspannungsdauer Δt laufend ab. Betrachtet man für dieses Zeitintervall Δt die mittleren Kräfte $\overline{F}_1$ und $\overline{F}_2$, so gilt:

$$\overline{F}_1 = -\overline{F}_2$$

Mit dem 2. Newton'schen Gesetz $\overline{F} = m \cdot \overline{a}$ folgt:

$$m_1 \cdot \overline{a}_1 = -m_2 \cdot \overline{a}_2$$

mit

$$\overline{a} = \frac{\Delta v}{\Delta t}$$

ergibt sich

$$m_1 \cdot \frac{\Delta v_1}{\Delta t} = -m_2 \cdot \frac{\Delta v_2}{\Delta t}.$$

Multiplikation mit Δt führt auf

$$m_1 \cdot \Delta v_1 = -m_2 \cdot \Delta v_2$$

Weil die Wagen vor dem Durchbrennen des Fadens in Ruhe waren, ergibt sich:

$$m_1 \cdot v_1 = -m_2 \cdot v_2$$

Das Minuszeichen besagt, dass die Geschwindigkeiten entgegengesetzt gerichtet sind. Wegen $m \cdot v = p$ folgt:

$$p_1 = -p_2$$

oder

$$p_1 + p_2 = 0,$$

d. h. beide Wagen bewegen sich so auseinander, dass die Summe ihrer Impulse, der Gesamtimpuls, null bleibt.

Es erhebt sich die Frage, ob der Gesamtimpuls der beteiligten Körper gleich bleibt, wenn die beiden Wagen einen von null verschiedenen Anfangsimpuls besitzen, der ihnen vorher durch äußere Kräfte erteilt wurde.

Versuch 2

Versuchsaufbau

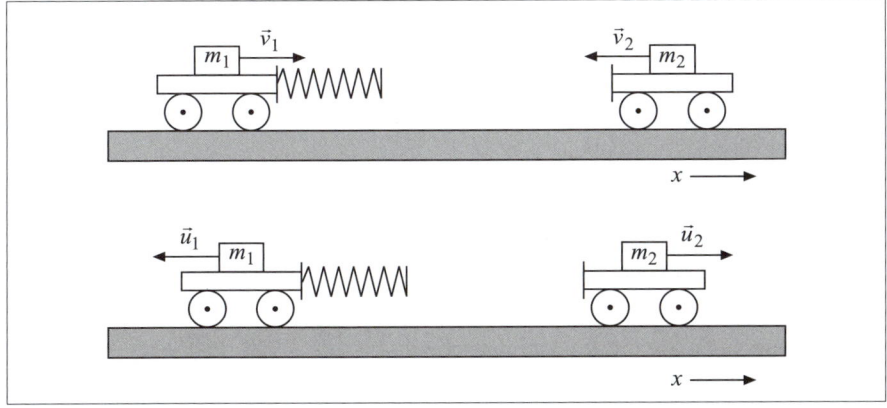

Versuchsdurchführung

Zwei Wagen mit den Massen m_1 und m_2 sowie den Geschwindigkeiten $\vec{v}_1$ und $\vec{v}_2$ bewegen sich aufeinander zu. Der linke Wagen trägt rechts eine elastische Feder. Nach dem Zusammenstoßen haben die Wagen die Geschwindigkeiten $\vec{u}_1$ und $\vec{u}_2$.

Ermittlung des Gesamtimpulses p_{vor} vor dem Stoß:

$$p_{\text{vor}} = m_1 \cdot v_1 + m_2 \cdot v_2$$

Während des Stoßes treten die Geschwindigkeitsänderungen Δv_1 bzw. Δv_2 auf. Es gilt:

$$u_1 = v_1 + \Delta v_1$$

und
$$u_2 = v_2 + \Delta v_2$$

Ermittlung des Gesamtimpulses p_{nach} nach dem Stoß:
$$p_{nach} = m_1 \cdot u_1 + m_2 \cdot u_2$$
$$p_{nach} = m_1 \cdot (v_1 + \Delta v_1) + m_2 \cdot (v_2 + \Delta v_2)$$
$$p_{nach} = (m_1 \cdot v_1 + m_2 \cdot v_2) + (m_1 \cdot \Delta v_1 + m_2 \cdot \Delta v_2)$$
$$p_{nach} = p_{vor} \qquad + (m_1 \cdot \Delta v_1 + m_2 \cdot \Delta v_2)$$

Der zweite Summand tritt bereits bei Versuch 1 auf. Es gilt dort:
$$m_1 \cdot \Delta v_1 + m_2 \cdot \Delta v_2 = 0$$
Somit erhalten wir:

$$p_{vor} = p_{nach}$$

Impulserhaltungssatz:
In einem abgeschlossenen System ist der Gesamtimpuls konstant.

Aufgaben

24. Zeigen Sie die Gültigkeit des Impulserhaltungssatzes am Beispiel des senkrechten Wurfes nach oben.

25. Ein Geschoss der Masse $m_1 = 15$ g verlässt den Lauf eines Gewehres der Masse $m_2 = 3,0$ kg mit der Geschwindigkeit $v_{Geschoss} = 900$ m s^{-1}.

a) Berechnen Sie die Rückstoßgeschwindigkeit $v_{Rück}$ des Gewehrs.

b) Welche Rückstoßkraft $F_{Rück}$ hat der Schütze auszuhalten, wenn er den Rückstoß während $\Delta t = 0,20$ s auffängt?

26. Der Wagen der Masse $m_W = 100$ kg fährt mit der konstanten Geschwindigkeit $v_W = 12,0 \frac{km}{h}$. Eine Person mit der Masse $m_p = 72,0$ kg läuft mit der konstanten Geschwindigkeit $v_p = 18,0 \frac{km}{h}$.
Berechnen Sie die Geschwindigkeit des Wagens, wenn die Person

a) von hinten in Richtung des fahrenden Wagens,

b) von vorne in Gegenrichtung des fahrenden Wagens auf diesen aufspringt.

Die Reibung bleibt in beiden Fällen unberücksichtigt.

11 Zentraler Stoß

Das Zusammentreffen zweier relativ zueinander bewegter Körper heißt Stoß.
Liegen alle Geschwindigkeitsvektoren der beim Stoß beteiligten Körper in einer Linie, so spricht man vom zentralen Stoß.
Beim Stoß werden die Körper an der Stoßstelle deformiert. Einen Stoß mit bleibenden Verformungen nennt man unelastischen Stoß. Dabei geht ein Teil der mechanischen Energie in innere Energie über.
Bilden sich die Verformungen der stoßenden Körper vollständig zurück, so spricht man von einem elastischen Stoß. Die gesamte kinetische Energie der beteiligten Körper bleibt erhalten.

11.1 Der unelastische Stoß

Versuch

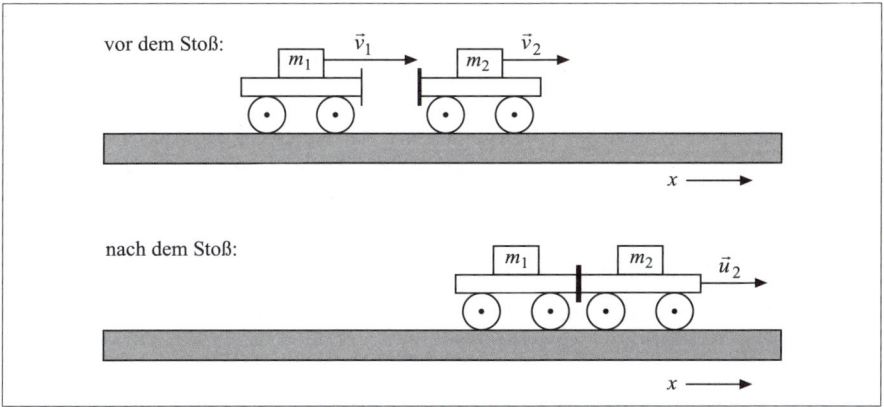

Zwei Wagen haben zunächst die gleich gerichteten Geschwindigkeiten $\vec{v}_1$ und $\vec{v}_2$ mit $v_1 > v_2$. Beide Wagen fahren nach dem Stoß mit der gleichen Geschwindigkeit $\vec{u}$ weiter. Im abgeschlossenen System der beiden Wagen wirken nur innere Kräfte, d. h. es gilt der Impulserhaltungssatz.
Gesamtimpuls vor dem Stoß = Gesamtimpuls nach dem Stoß, d. h.:

$$m_1 \cdot v_1 + m_2 \cdot v_2 = (m_1 + m_2) \cdot u$$

Hieraus ergibt sich die gemeinsame Geschwindigkeit u nach dem Stoß:

$$u = \frac{m_1 v_1 + m_2 v_2}{m_1 + m_2}$$

Ein Teil der kinetischen Energie wird bei dem unelastischen Stoß in innere Energie umgewandelt.

Für die Änderung der kinetischen Energie gilt:

$$\Delta E_k = E_{k_{vor}} - E_{k_{nach}}$$

$$\Delta E_k = \frac{1}{2} \cdot (m_1 \cdot v_1^2 + m_2 \cdot v_2^2) - \frac{1}{2} \cdot (m_1 + m_2) \cdot u^2$$

$$\Delta E_k = \frac{1}{2} \cdot (m_1 \cdot v_1^2 + m_2 \cdot v_2^2) - \frac{1}{2} \cdot (m_1 + m_2) \cdot \frac{(m_1 \cdot v_1 + m_2 \cdot v_2)^2}{(m_1 + m_2)^2}$$

$$\Delta E_k = \frac{(m_1 \cdot v_1^2 + m_2 \cdot v_2^2)(m_1 + m_2) - (m_1^2 \cdot v_1^2 + 2 m_1 \cdot m_2 \cdot v_1 \cdot v_2 + m_2^2 \cdot v_2^2)}{2(m_1 + m_2)}$$

$$\Delta E_k = \frac{m_1 \cdot m_2 \cdot v_1^2 + m_1 \cdot m_2 \cdot v_2^2 - 2 \cdot m_1 \cdot m_2 \cdot v_1 \cdot v_2}{2(m_1 + m_2)}$$

$$\Delta E_k = \frac{m_1 \cdot m_2}{2 \cdot (m_1 + m_2)} \cdot (v_1 - v_2)^2$$

Aufgaben

27. Beim Rangieren rollt ein Güterwagen mit der Masse $m_w = 40{,}0$ t mit der Geschwindigkeit $v_w = 12{,}0 \frac{km}{h}$ auf zwei aneinander gekoppelte, gleich schwere, ruhende Güterwagen zu.

    a) Berechnen Sie die Geschwindigkeit u der Güterwagen, wenn diese nach dem Stoß zusammen bleiben.

    b) Welcher Bruchteil an mechanischer Energie wurde beim Ankoppeln in innere Energie umgewandelt?

28. Beim Rangieren rollen zwei Güterwagen gleicher Masse $m_w = 40{,}0$ t in gleicher Richtung mit den Geschwindigkeiten $v_1 = 18{,}0 \frac{km}{h}$ und $v_2 = 6{,}0 \frac{km}{h}$. Der schnellere Güterwagen holt den langsameren ein und koppelt an diesen an.

    a) Berechnen Sie die gemeinsame Geschwindigkeit u der Güterwagen.

    b) Wie viel Prozent an kinetischer Energie wurde beim Ankoppeln in innere Energie umgewandelt?

29. Um die Geschwindigkeit eines Geschosses zu messen, kann man ein so genanntes ballistisches Pendel verwenden. Dabei ist ein Körper (z. B. Plastikkugel) als Pendel aufgehängt. Das Geschoss wird in den aufgehängten Körper hineingeschossen. Es findet ein unelastischer Stoß statt.

Eine Plastikkugel der Masse $m_K = 150$ g hängt an einem Faden der Länge $\ell = 1,00$ m. Mit einem Luftgewehr wird ein Geschoss der Masse $m_G = 0,9$ g zentral in die Plastikkugel geschossen. Die waagerechte Auslenkung des Pendels beträgt $x = 0,32$ m. Berechnen Sie die Geschossgeschwindigkeit v_G.

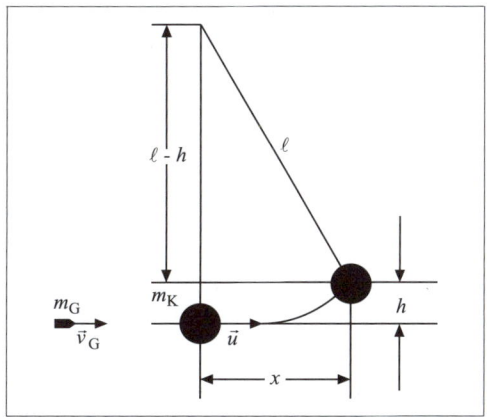

30. Verkehrsunfälle mit oftmals schwer wiegenden Folgen sind Auffahrunfälle und Frontalzusammenstöße. Verhaken sich die Fahrzeuge bei solchen Unfällen ineinander, so kann der Vorgang jeweils als vollkommen unelastischer Stoß betrachtet werden.
Ein Auto (Masse $m_1 = 1,5$ t; Geschwindigkeit $v_1 = 144,0 \frac{km}{h}$) stößt mit einem anderen Auto (Masse $m_2 = 0,9$ t; Geschwindigkeit $v_2 = 72,0 \frac{km}{h}$) zusammen. Berechnen Sie die gemeinsame Geschwindigkeit u der beiden Fahrzeuge und die auftretende Deformationsarbeit ΔE für den Auffahrunfall bzw. den Frontalzusammenstoß.

11.2 Der elastische Stoß

Versuch

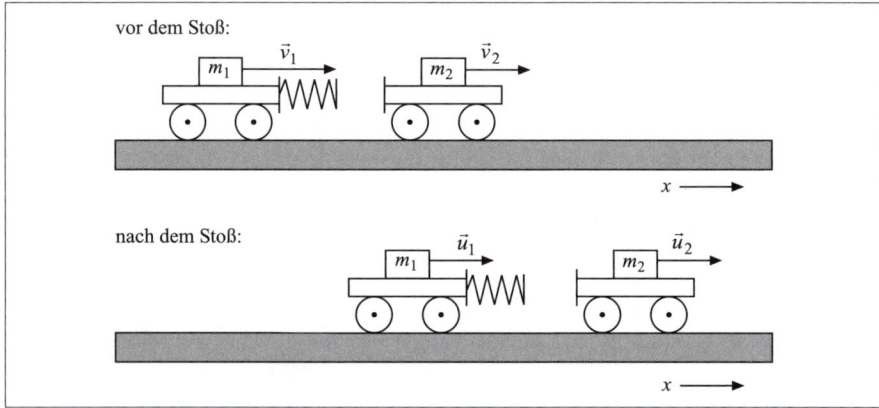

Zwei Wagen haben zunächst die gleich gerichteten Geschwindigkeiten $\vec{v}_1$ und $\vec{v}_2$ mit $v_1 > v_2$. Beide Wagen fahren nach dem Stoß mit der Geschwindigkeit $\vec{u}_1$ und $\vec{u}_2$ wieder auseinander. Im abgeschlossenen System der beiden Körper wirken nur innere Kräfte, d. h. es gilt der Impulserhaltungssatz.

Gesamtimpuls vor dem Stoß = Gesamtimpuls nach dem Stoß

$$m_1 \cdot v_1 + m_2 \cdot v_2 = m_1 \cdot u_1 + m_2 \cdot u_2$$

Außerdem gilt jetzt auch der Energieerhaltungssatz der Mechanik.

$$E_{k_{vor}} = E_{k_{nach}}$$

$$\frac{1}{2} \cdot m_1 \cdot v_1^2 + \frac{1}{2} \cdot m_2 \cdot v_2^2 = \frac{1}{2} \cdot m_1 \cdot u_1^2 + \frac{1}{2} \cdot m_2 \cdot u_2^2$$

Zur Berechnung der unbekannten Geschwindigkeiten $\vec{u}_1$ und $\vec{u}_2$ ordnen wir die beiden Gleichungen und bringen alle Terme, die zum Wagen 1 gehören, nach links. Aus der Impulsgleichung folgt:

$$m_1 \cdot (v_1 - u_1) = m_2 \cdot (u_2 - v_2) \qquad (*)$$

Aus der Energiegleichung ergibt sich:

$$m_1 \cdot (v_1^2 - u_1^2) = m_2 \cdot (u_2^2 - v_2^2)$$

oder $\quad m_1 \cdot (v_1 - u_1) \cdot (v_1 + u_1) = m_2 \cdot (u_2 - v_2) \cdot (u_2 + v_2) \quad (**)$

Dividieren der Gleichungen (**) durch (*) ergibt

$$\frac{m_1 \cdot (v_1 - u_1) \cdot (v_1 + u_1)}{m_1 \cdot (v_1 - u_1)} = \frac{m_2 \cdot (u_2 - v_2) \cdot (u_2 + v_2)}{m_2 \cdot (u_2 - v_2)}$$

bzw.

$$v_1 + u_1 = u_2 + v_2 \qquad (***)$$

Hinweis: Dabei kann eine Division durch null nicht auftreten, denn für $\vec{v}_1 = \vec{u}_1$ und $\vec{v}_2 = \vec{u}_2$ käme kein Stoß zustande.

Gleichung (***) nach u_2 aufgelöst, führt auf:

$u_2 = u_1 + v_1 - v_2$

Eingesetzt in (*) ergibt:

$m_1 \cdot (v_1 - u_1) = m_2 (u_1 + v_1 - v_2 - v_2)$

$m_1 \cdot (v_1 - u_1) = m_2 \cdot u_1 + m_2 \cdot v_1 - 2 \cdot m_2 \cdot v_2$

$(m_1 + m_2) \cdot u_1 = (m_1 - m_2) \cdot v_1 + 2 \cdot m_2 \cdot v_2$

$$u_1 = \frac{(m_1 - m_2) \cdot v_1 + 2 \cdot m_2 \cdot v_2}{m_1 + m_2}$$

Gleichung (***) nach u_1 aufgelöst, führt auf:

$u_1 = v_2 + u_2 - v_1$

Eingesetzt in (*) ergibt:

$m_1 \cdot (v_1 - [v_2 + u_2 - v_1]) = m_2 \cdot (u_2 - v_2)$

$2 \cdot m_1 \cdot v_1 - m_1 \cdot v_2 - m_1 \cdot u_2 = m_2 \cdot u_2 - m_2 \cdot v_2$

$(m_1 + m_2) \cdot u_2 = (m_2 - m_1) \cdot v_2 + 2 \cdot m_1 \cdot v_1$

$$u_2 = \frac{(m_2 - m_1) \cdot v_2 + 2 \cdot m_1 \cdot v_1}{m_1 + m_2}$$

Aufgaben

31. Um in einem Uranreaktor eine Kettenreaktion zu ermöglichen, müssen schnelle Neutronen durch eine geeignete Substanz, die man Moderator nennt, abgebremst werden. Die Abgabe der kinetischen Energie der Neutronen kann z. B. durch elastische Stöße mit Kohlenstoff C-12 erfolgen. Von Bedeutung ist dabei die prozentuale Abgabe der kinetischen Energie des Neutrons beim elastischen Zusammenstoß mit einem ruhenden Kohlenstoffkern.

    Ein Neutron (Masse $m_N = 1{,}67 \cdot 10^{-27}$ kg) stößt gerade, zentral und elastisch mit der Geschwindigkeit v_1 auf einen ruhenden Kohlenstoffkern (Masse $m_c = 12 \cdot m_N$).

    a) Bestimmen Sie die Geschwindigkeit u_N des Neutrons und u_c des Kohlenstoffkerns nach dem Stoß in Abhängigkeit von v_1.

    b) Wie viel Prozent seiner kinetischen Energie gibt das Neutron an den gestoßenen Kohlenstoffkern ab?

32. Ein Tennisspieler schlägt den Ball der Masse m_1 mit der Geschwindigkeit $v_1 = 40\ \text{ms}^{-1}$ senkrecht gegen eine feste Wand der Masse m_2.
Berechnen Sie die Geschwindigkeit u_1 des zurückspringenden Balles, wenn der Stoßvorgang vollkommen elastisch abläuft.

Lösungen

1. a) Es gilt

$$U(t) = U_m \cdot \sin(\omega t)$$

und

$$I(t) = I_m \cdot \sin(\omega t)$$

mit

$$I_m = \frac{U_m}{R}$$

ergibt sich

$$I(t) = \frac{U_m}{R} \cdot \sin(\omega t).$$

Für die Leistung P in Abhängigkeit von der Zeit t gilt:

$$P(t) = U(t) \cdot I(t)$$

$$P(t) = \frac{U_m^2}{R} \cdot \sin^2(\omega t) \qquad \text{mit } \omega = 2\pi f \text{ folgt}$$

$$P(t) = \frac{(6{,}0\,\text{V})^2}{150\,\Omega} \cdot \sin^2(2\pi \cdot 2{,}5 \cdot 10^3\,\text{s}^{-1} \cdot t)$$

$$P(t) = 0{,}24\,\text{W} \cdot \sin^2(5{,}0 \cdot \pi \cdot 10^3\,\text{s}^{-1} \cdot t)$$

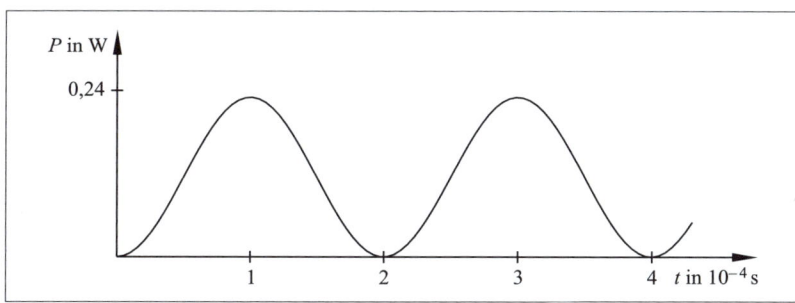

b) Es soll gelten:

$$\tfrac{1}{4} P_{max} = P_{max} \cdot \sin^2(\omega t_1)$$

$$\sin^2(\omega t_1) = \tfrac{1}{4}$$

$$\sin(\omega t_1) = \tfrac{1}{2}$$

$$t_1 = \frac{1}{\omega} \arcsin \tfrac{1}{2}$$

$$t_1 = \frac{1}{2\pi \cdot 2{,}5 \cdot 10^3\,\text{s}^{-1}} \cdot \arcsin \tfrac{1}{2}$$

$$t_1 = 3{,}3 \cdot 10^{-5}\,\text{s}$$

c) Für die Arbeit W im Zeitintervall $[0; T]$ gilt:

$$W = \int_0^T P(t)\,dt$$

$$W = \int_0^T \frac{U_m^2}{R} \sin^2(\omega t)\,dt$$

$$W = \frac{U_m^2}{R}\left[\frac{1}{2}\left(t - \frac{1}{\omega}\cos(\omega t)\cdot\sin(\omega t)\right)\right]_0^T$$

$$W = \frac{U_m^2}{R}\cdot\frac{T}{2}$$

mit

$$T = \frac{1}{f}$$

folgt

$$W = \frac{U_m^2}{R}\cdot\frac{1}{2f}$$

mit

$$\frac{U_m^2}{R} = P_m$$

folgt

$$W = P_m \cdot \frac{1}{2f}$$

$$W = 0,24\cdot W\cdot\frac{1}{2\cdot 2{,}5\cdot 10^3\,\text{s}^{-1}}$$

$$W = 4{,}8\cdot 10^{-5}\,\text{Ws}$$

2. $X_L = 2\pi f L$

$X_{L_1} = 2\pi\cdot 50\text{s}^{-1}\cdot 100\cdot 10^{-3}\,\text{Vs A}^{-1}$

$\mathbf{X_{L_1} = 31{,}4\,\Omega}$

$X_{L_2} = 2\pi\cdot 50\text{s}^{-1}\cdot 75\cdot 10^{-3}\,\text{Vs A}^{-1}$

$\mathbf{X_{L_2} = 23{,}6\,\Omega}$

$X_{L_{Ges}} = X_{L_1} + X_{L_2}$ Reihenschaltung von Induktivitäten

$X_{L_{Ges}} = 31{,}4\,\Omega + 23{,}6\,\Omega$

$\mathbf{X_{L_{Ges}} = 55{,}0\,\Omega}$

$$\frac{1}{X_{L_{Ges}}} = \frac{1}{X_{L_1}} + \frac{1}{X_{L_2}} \qquad \text{Parallelschaltung von Induktivitäten}$$

$$X_{L_{Ges}} = \frac{X_{L_1} X_{L_2}}{X_{L_1} + X_{L_2}}$$

$$X_{L_{Ges}} = \frac{31,4\,\Omega \cdot 23,6\,\Omega}{31,4\,\Omega + 23,6\,\Omega}$$

$$\mathbf{X_{L_{Ges}} = 13,5\,\Omega}$$

3. a) $U(t) = U_m \cdot \sin(2\pi f t)$

$U(t) = 3,0\,\text{V} \cdot \sin(2\pi \cdot 10^3\,\text{s}^{-1} t)$

$I(t) = -I_m \cdot \cos(2\pi f t)$

mit

$$I_m = \frac{U_m}{2\pi f L}$$

folgt

$$I(t) = -\frac{U_m}{2\pi f L} \cdot \cos(2\pi f t)$$

somit

$$I(t) = -\frac{3,0\,\text{V}}{2\pi \cdot 1,0 \cdot 10^3\,\text{s}^{-1} \cdot 1,0 \cdot 10^{-3}\,\frac{\text{Vs}}{\text{A}}} \cdot \cos(2\pi \cdot 10^3\,\text{s}^{-1} \cdot t)$$

$I(t) = -0,48\,\text{A} \cdot \cos(2\pi \cdot 10^3\,\text{s}^{-1} t)$

$P(t) = U(t) \cdot I(t)$

$P(t) = U_m \cdot \sin(\omega t) \cdot (-I_m \cos(\omega t))$

$P(t) = -U_m I_m \sin(\omega t) \cdot \cos(\omega t)$

mit

$U_m I_m = P_m$

und

$$\sin(\omega t) \cdot \cos(\omega t) = \frac{1}{2}\sin(2\omega t)$$

folgt

$P(t) = -\frac{1}{2} \cdot P_m \sin(2\omega t)$

$P(t) = -\frac{1}{2} \cdot 3,0\,\text{V} \cdot 0,48\,\text{A} \cdot \sin(4\pi \cdot 10^3\,\text{s}^{-1} \cdot t)$

$P(t) = -0,72\,\text{W} \cdot \sin(4\pi \cdot 10^3\,\text{s}^{-1} t)$

b) *t-U-*, *t-I*-Diagramm und *t-P*-Diagramm

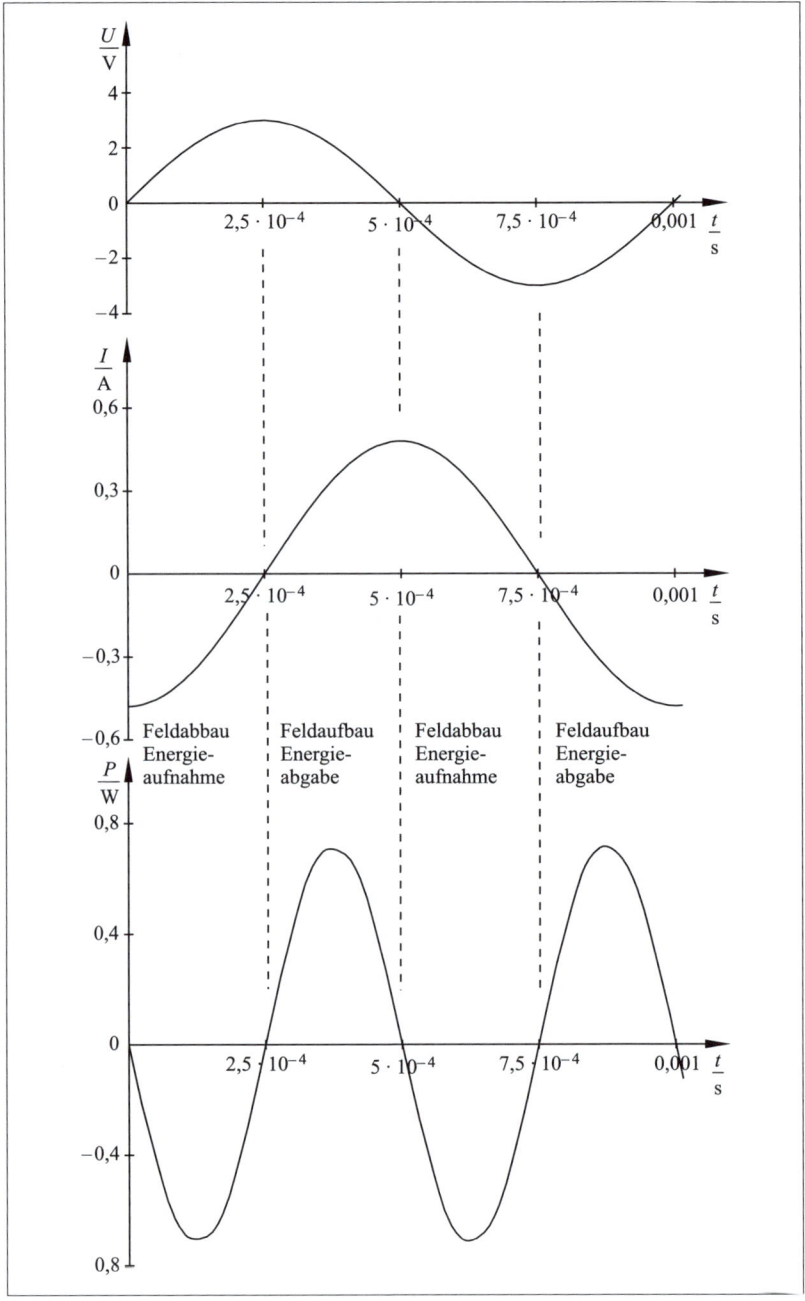

4. *Berechnung der Einzelwiderstände:*

$$X_C = \frac{1}{2\pi f C}$$

$$X_{C_1} = \frac{1}{2\pi \cdot 50 \, s^{-1} \cdot 1{,}0 \cdot 10^{-6} \, A \, s \, V^{-1}}$$

$$\mathbf{X_{C_1} = 3{,}2 \cdot 10^3 \, \Omega}$$

$$X_{C_2} = \frac{1}{2\pi \cdot 50 \, s^{-1} \cdot 4{,}0 \cdot 10^{-6} \, A \, s \, V^{-1}}$$

$$\mathbf{X_{C_2} = 0{,}8 \cdot 10^3 \, \Omega}$$

Reihenschaltung

$$X_{C_{Ges}} = X_{C_1} + X_{C_2}$$

$$X_{C_{Ges}} = 3{,}2 \cdot 10^3 \, \Omega + 0{,}8 \cdot 10^3 \, \Omega$$

$$\mathbf{X_{C_{Ges}} = 4{,}0 \cdot 10^3 \, \Omega}$$

Parallelschaltung

$$\frac{1}{X_{C_{Ges}}} = \frac{1}{X_{C_1}} + \frac{1}{X_{C_2}}$$

$$X_{C_{Ges}} = \frac{X_{C_1} \cdot X_{C_2}}{X_{C_1} + X_{C_2}}$$

$$X_{C_{Ges}} = \frac{3{,}2 \cdot 10^3 \, \Omega \cdot 0{,}8 \cdot 10^3 \, \Omega}{3{,}2 \cdot 10^3 \, \Omega + 0{,}8 \cdot 10^3 \, \Omega}$$

$$\mathbf{X_{C_{Ges}} = 0{,}64 \cdot 10^3 \, \Omega}$$

5. a) $U(t) = U_m \cdot \cos(2\pi f t)$

$U(t) = 300 \, V \cdot \cos(2\pi \cdot 10^3 \, s^{-1} t)$

$I(t) = -I_m \cdot \sin(2\pi f t)$

mit

$I_m = U_m \cdot 2\pi f C$

bzw.

$I_m = 300 \, V \cdot 2\pi \cdot 1{,}0 \cdot 10^3 \, s^{-1} \cdot 440 \cdot 10^{-12} \, \frac{As}{V}$

$I_m = 0{,}83 \, mA$

folgt

$I(t) = -0{,}83 \, mA \cdot \sin(2\pi \cdot 10^3 \, s^{-1} t)$

$P(t) = U(t) \cdot I(t)$

$P(t) = U_m \cdot \cos(\omega t) \cdot (-I_m \sin(\omega t))$

$P(t) = -U_m I_m \cos(\omega t) \cdot \sin(\omega t)$

mit

$U_m I_m = P_m$

und

$\sin(\omega t) \cdot \cos(\omega t) = \frac{1}{2}\sin(2\omega t)$

folgt

$P(t) = -\frac{1}{2} \cdot P_m \sin(2\omega t)$

$P(t) = -\frac{1}{2} \cdot 300 \text{ V} \cdot 0,83 \cdot 10^{-3} \text{ A} \cdot \sin(4\pi \cdot 10^3 \text{ s}^{-1} t)$

$P(t) = -0,12 \text{ W} \sin(4\pi \cdot 10^3 \text{ s}^{-1} t)$

b)

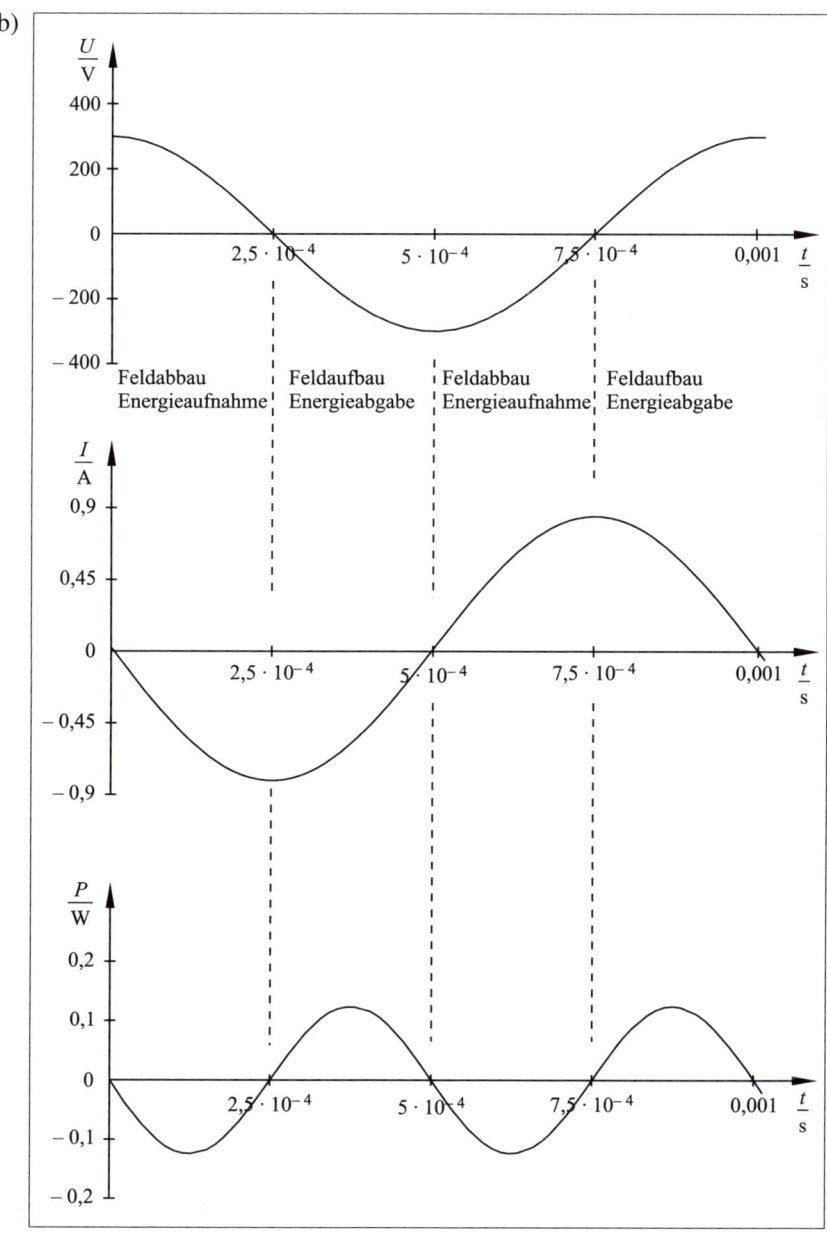

6. a) $T = 4{,}0$ s;

$$f = \frac{1}{T} = \frac{1}{4{,}0\,\text{s}} = 0{,}25\ \text{Hz};$$

$$\omega = \frac{2\pi}{T} = 2\pi \cdot f = 2\pi \cdot 0{,}25\,\text{s}^{-1} = 1{,}57\,\text{s}^{-1}$$

$A = 3{,}0$ cm

b) $s(t) = A \cdot \cos(\omega t)$

$s(t) = 3{,}0\ \text{cm} \cdot \cos(1{,}57\ \text{s}^{-1} \cdot t)$

c) $v(t) = -A\omega \cdot \sin(\omega t)$

$v(t) = -4{,}7\,\frac{\text{cm}}{\text{s}}\sin(1{,}57\,\text{s}^{-1} \cdot t)$

d) $a(t) = -A\omega^2 \cdot \cos(\omega t)$

$a(t) = -7{,}4 \cdot \frac{\text{cm}}{\text{s}^2}\cos(1{,}57\,\text{s}^{-1} \cdot t)$

e) $s(t) = -A \cdot \cos(\omega t)$

$s(t) = -3{,}0\ \text{cm} \cdot \cos(1{,}57\ \text{s}^{-1} \cdot t)$

$v(t) = 4{,}7\,\frac{\text{cm}}{\text{s}} \cdot \sin(1{,}57\,\text{s}^{-1} \cdot t)$

$a(t) = 7{,}4\,\frac{\text{cm}}{\text{s}^2} \cdot \cos(1{,}57\,\text{s}^{-1} \cdot t)$

7. a) Allgemeine Zeit-Weg-Gleichung

$s(t) = -A\cos(\omega t)$

$s(t) = -9{,}0\ \text{cm} \cdot \cos(2\,\pi\,\text{s}^{-1} \cdot t)$

b) Allgemein gilt:

$v(t) = \dot{s}(t) = A\omega \cdot \sin(\omega t)$

$v(t) = 56{,}6\,\frac{\text{cm}}{\text{s}} \cdot \sin(2\pi\,\text{s}^{-1} \cdot t)$

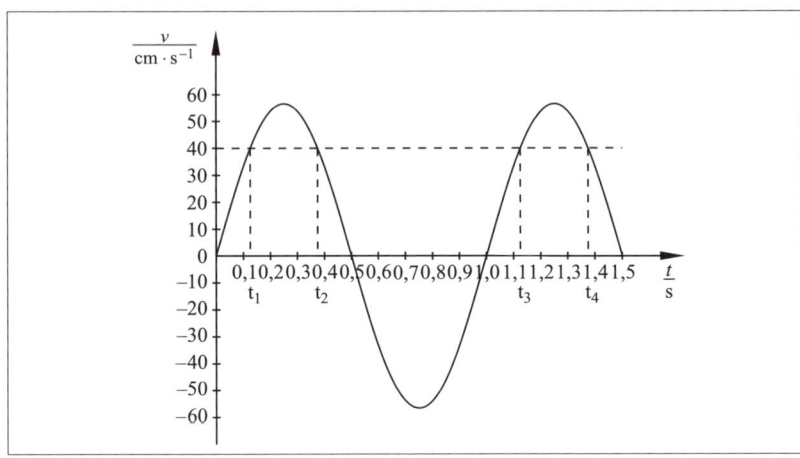

c) Mit

$$40{,}0\,\tfrac{cm}{s} = 56{,}6\,\tfrac{cm}{s} \cdot \sin(2\pi\,s^{-1}\cdot t)$$

folgt

$$t_1 = 0{,}13\,s$$
$$t_2 = \tfrac{T}{2} - t_1 = 0{,}37\,s$$
$$t_3 = t_1 + T = 1{,}13\,s$$
$$t_4 = t_2 + T = 1{,}37\,s$$

8. a) Für die Zeit-Weg-Funktion gilt:

$$s(t) = -4{,}0\,cm \cdot \sin\!\left(\frac{2\pi}{4{,}0\,s}\cdot t\right)$$

$$\dot{s}(t) = v(t) = -\frac{4{,}0\,cm \cdot 2\pi}{4{,}0\,s}\cdot \cos\!\left(\tfrac{1}{2}\pi\,s^{-1}\cdot t\right)$$

$$v(t) = -2\pi\,cm\,s^{-1}\cdot \cos\!\left(\tfrac{1}{2}\pi\,s^{-1}\cdot t\right)$$

$$\ddot{s}(t) = a(t) = \pi^2\,cm\,s^{-2}\cdot \sin\!\left(\tfrac{1}{2}\pi\,s^{-1}\cdot t\right)$$

$$v(1{,}5\,s) = -2\pi\,cm\,s^{-1}\cdot \cos\!\left(\tfrac{1}{2}\pi\,s^{-1}\cdot 1{,}5\,s\right)$$

$$\mathbf{v(1{,}5\,s) = -4{,}4\,cm\,s^{-1}}$$

$$a(1{,}5\,s) = \pi^2\,cm\,s^{-2}\cdot \sin\!\left(\tfrac{1}{2}\pi\,s^{-1}\cdot 1{,}5\,s\right)$$

$$\mathbf{a(1{,}5\,s) = 7{,}0\,cm\,s^{-2}}$$

b) Der Körper erreicht zum ersten Mal die Geschwindigkeit $v = \tfrac{1}{2}v_m$ zur Zeit t_1. Es gilt:

$$\tfrac{1}{2}(2\pi\,cm\,s^{-1}) = -2\pi\,cm\,s^{-1}\cdot \cos\!\left(\tfrac{1}{2}\pi\,s^{-1}\cdot t_1\right)$$

$$\tfrac{1}{2} = -\cos\!\left(\tfrac{1}{2}\pi\,s^{-1}\cdot t_1\right)$$

$$\mathbf{t_1 = 1{,}33\,s}$$

Der Körper erreicht zum zweiten Mal die Geschwindigkeit $v = \tfrac{1}{2}v_m$ zur Zeit t_2.

Es gilt:

$$t_2 = T - t_1$$

Somit

$$t_2 = 4{,}0\,s - 1{,}33\,s = \mathbf{2{,}67\,s}$$

c) Für die maximale Rückstellkraft F_m gilt:
$$F_m = m \cdot a_m$$
mit
$$a_m = A\,\omega^2$$
folgt
$$F_m = m\,A\,\omega^2$$

Berechnung:
$$F_m = 0,300\ \text{kg} \cdot 4,0 \cdot 10^{-2}\ \text{m} \cdot \left(\frac{2\pi}{4,0\ \text{s}}\right)^2$$
$$\boldsymbol{F_m = 3,0 \cdot 10^{-2}\ \text{N}}$$

9. a) $s(t) = -A\sin(\omega t) = -A\sin\left(\frac{2\pi}{T}t\right)$

$\quad v(t) = -A\,\omega\cos\left(\frac{2\pi}{T}t\right) = -A\,\frac{2\pi}{T}\cos\left(\frac{2\pi}{T}t\right)$

$\quad a(t) = A\,\omega^2\sin\left(\frac{2\pi}{T}t\right) = A\left(\frac{2\pi}{T}\right)^2\sin\left(\frac{2\pi}{T}t\right)$

b)
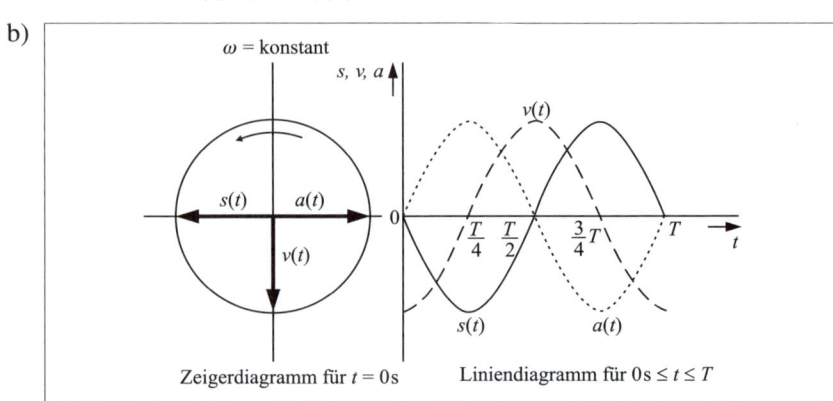

Zeigerdiagramm für $t = 0\ \text{s}$ Liniendiagramm für $0\ \text{s} \le t \le T$

10. a) $D = \frac{\Delta F}{\Delta s}$

$\quad D = \dfrac{0,200\ \text{kg} \cdot 9,81\ \text{m}}{0,04\ \text{m} \cdot \text{s}^2}$

$\quad \boldsymbol{D = 49,0\ \dfrac{\text{N}}{\text{m}}}$

$\quad T_1 = 2\pi\sqrt{\dfrac{m}{D}}$

$\quad T_1 = 2\pi\sqrt{\dfrac{0,200\ \text{kg}}{49,0\ \text{N}\,\text{m}^{-1}}}$

$\quad \boldsymbol{T_1 = 0,40\ \text{s}}$

b) $m_2 = \dfrac{T_2^2 D}{4\pi^2}$

mit

$T_2 = 2\,T_1$

folgt

$m_2 = \dfrac{4\pi^2 m\, 2^2\, D}{D\, 4\pi^2}$

$m_2 = 4\,m$

$\boldsymbol{m_2 = 0{,}800\ \text{kg}}$

$m_3 = \dfrac{T_3^2 D}{4\pi^2}$

mit

$T_3 = 3\,T_1$

folgt

$m_3 = \dfrac{4\pi^2 m\, 3^2\, D}{D\, 4\pi^2}$

$m_3 = 9\,m$

$\boldsymbol{m_3 = 1{,}800\ \text{kg}}$

$m_n = \dfrac{T_n^2 D}{4\pi^2}$

mit

$T_n = n \cdot T_1$

folgt

$m_n = \dfrac{4\pi^2 m\, n^2\, D}{D\, 4\pi^2}$

$m_n = n^2\ m$

$\boldsymbol{m_n = n^2 \cdot 0{,}200\ \text{kg}}$

c) $m = \dfrac{T^2 D}{4\pi^2}$

$m = \dfrac{1{,}0\,\text{s}^2 \cdot 49{,}0\ \text{N m}^{-1}}{4 \cdot (3{,}14)^2}$

$\boldsymbol{m = 1{,}240\ \text{kg}}$

11. a) $s(t) = -A \cdot \cos\left(\sqrt{\dfrac{D}{m}} \cdot t\right)$

$s(t) = -5{,}0\ \text{cm} \cdot \cos\left(\sqrt{\dfrac{20\ \text{Nm}^{-1}}{0{,}46\ \text{kg}}} \cdot t\right)$

$s(t) = -5{,}0\ \text{cm} \cdot \cos(6{,}59\ \text{s}^{-1} \cdot t)$

b) Für die Periodendauer T ergibt sich
$T = 0,95$ s

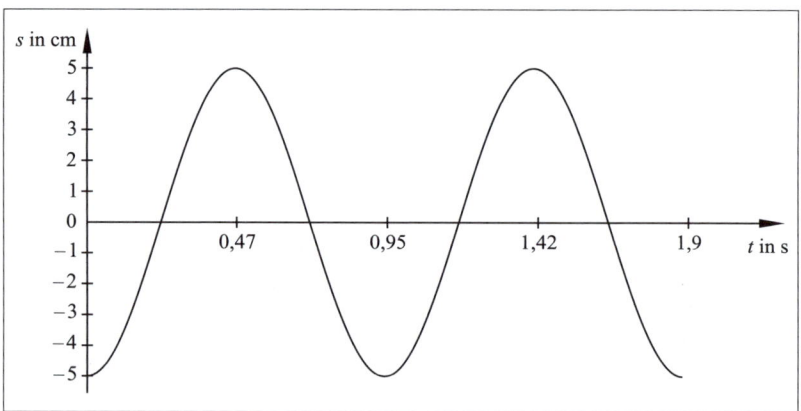

c) $-3,0\,\text{cm} = -5,0\,\text{cm} \cdot \cos(6,59\,\text{s}^{-1}t_1)$

$t_1 = 0,14$ s

$t_2 = T - t_1$

d.h.

$t_2 = 0,95\,\text{s} - 0,14\,\text{s}$

$\mathbf{t_2 = 0,81\,s}$

d) Die Schwingungsdauer bleibt gleich.

12. Wird der Wagen durch die Kraft F nach rechts um die Strecke Δs ausgelenkt, so treten folgende Gegenkräfte auf.

Rückstellkraft F_1 der Feder 1 nach links:

$F_1 = D_1 \, \Delta s$

Rückstellkraft F_2 der Feder 2 nach links:

$F_2 = D_2 \, \Delta s$

Es gilt:

$F_1 + F_2 = F$;

$D_1 \Delta s + D_2 \Delta s = F$

mit

$F = D \, \Delta s$ folgt

$D_1 \Delta s + D_2 \Delta s = D \, \Delta s$

bzw.

$D_1 + D_2 = D$

13. $T = 2\pi\sqrt{\dfrac{\ell}{a_M}}$

$\ell = \dfrac{T^2 a_M}{4\pi^2}$

$\Delta\ell = \ell_2 - \ell_1 = \dfrac{a_M}{4\pi^2}(T_2^2 - T_1^2)$

$a_M = \dfrac{4\pi^2 \cdot \Delta\ell}{T_2^2 - T_1^2}$

Berechnung:

$a_M = \dfrac{4\pi^2 \cdot 1,36\,\text{m}}{49,0\,\text{s}^2 - 16,0\,\text{s}^2}$

$\boldsymbol{a_M = 1,62\,\dfrac{\text{m}}{\text{s}^2}}$

Die Ermittlung der genauen Pendellänge ℓ ist oftmals recht schwierig. Deshalb misst man die Schwingungsdauer T_1 und T_2 des Pendels bei verschiedenen Längen ℓ_1 und ℓ_2 (Methode nach Bessel).
Die Längendifferenz $\Delta\ell = |\ell_2 - \ell_1|$ lässt sich dagegen sehr genau messen.
Diese Messmethode ergibt sehr genaue Werte für die Fallbeschleunigung am Messort, wenn die Pendellänge ℓ sehr groß und $\Delta\ell$ klein gewählt wird.

Friedrich Wilhelm Bessel
(1748–1846), dt. Mathematiker
und Astronom

14. Die Schwingungsdauer T des Galilei-Hemmungspendels setzt sich aus zwei Teilschwingungen zusammen:
linke Halbschwingung: T_1; rechte Halbschwingung: T_2

$T = \dfrac{T_1}{2} + \dfrac{T_2}{2}$

$T = \pi\sqrt{\dfrac{l}{g}} + \pi\sqrt{\dfrac{l-a}{g}}$

$T = \dfrac{\pi}{\sqrt{g}}\left(\sqrt{l} + \sqrt{l-a}\right)$

Berechnung:

$T = \dfrac{\pi}{\sqrt{9,81\,\frac{\text{m}}{\text{s}^2}}}\left(\sqrt{1,00\,\text{m}} + \sqrt{0,70\,\text{m}}\right)$

$\boldsymbol{T = 1,84\,\text{s}}$

15. a) $\quad T = 2\pi\sqrt{\dfrac{m}{D}}$

$\qquad T = 2\pi\sqrt{\dfrac{m}{2\,\rho\,qg}}$

Berechnung:

$$T_{H_2O} = 2\pi\sqrt{\dfrac{300\,\text{g}}{2\cdot 1{,}0\,\text{g cm}^{-3}\cdot 1{,}5\,\text{cm}^2\cdot 981\,\text{cm s}^{-2}}}$$

$$\boldsymbol{T_{H_2O} = 2{,}0\ s}$$

$$T_{\text{Benzin}} = 2\pi\sqrt{\dfrac{300\,\text{g}}{2\cdot 0{,}7\,\text{g cm}^{-3}\cdot 1{,}5\,\text{cm}^2\cdot 981\,\text{cm s}^{-2}}}$$

$$\boldsymbol{T_{\text{Benzin}} = 2{,}4\ s}$$

b) $\qquad\qquad v_{max} = A\cdot\omega$

$$\boldsymbol{v_{maxH_2O} = 1{,}0\ cm\cdot\dfrac{2\pi}{2{,}0\ s} = 3{,}1\,\dfrac{cm}{s}}$$

$$\boldsymbol{v_{maxBenzin} = 1{,}0\ cm\cdot\dfrac{2\pi}{2{,}4\ s} = 2{,}6\,\dfrac{cm}{s}}$$

16. a) Für die Zeit-Weg-Funktion der harmonischen Schwingung gilt:

$s(t) = -A\cos(\omega t)$

Die Zeit-Geschwindigkeit-Funktion lautet

$v(t) = A\,\omega\sin(\omega t)$

oder

$v(t) = v_m\sin(\omega t)$

Für die Geschwindigkeit v_m beim Passieren der Ruhelage ergibt sich somit

$v_m = A\,\omega$.

mit

$\omega = \sqrt{\dfrac{D}{m}}$

folgt

$v_m = A\sqrt{\dfrac{D}{m}}$

Berechnung:

$$v_m = 3{,}4\cdot 10^{-2}\ \text{m}\sqrt{\dfrac{60{,}0\,\text{Nm}^{-1}}{0{,}550\,\text{kg}}}$$

$$\boldsymbol{v_m = 36\,\dfrac{cm}{s}}$$

102

b) Es gilt:

$F = -Ds$

mit

$F = ma$

folgt

$ma = -Ds$

wegen

$a(t) = \ddot{s}(t)$

und

$s(t) = -A \cos(\omega t)$

gilt:

$$m A \omega^2 \cos(\omega t) = -D(-A \cos(\omega t))$$
$$(m \omega^2 - D) A \cos(\omega t) = 0$$

Diese Gleichung muss für jeden Zeitpunkt t erfüllt sein, deshalb folgt

$m \omega^2 - D = 0$

oder

$m \omega^2 = D.$

wegen

$\omega = \dfrac{2\pi}{T}$

ergibt sich

$m \dfrac{4\pi^2}{T^2} = D$

oder

$$T = 2\pi \sqrt{\dfrac{m}{D}}$$

c) $T = 2\pi \sqrt{\dfrac{0{,}550 \text{ kg}}{60{,}0 \text{ Nm}^{-1}}}$

$T = 0{,}6 \text{ s}$

d) $s(t) = -3{,}4 \text{ cm} \cdot \cos(10{,}5 \text{ s}^{-1} t)$

e) Es gilt:

$v(t) = 36 \text{ cm s}^{-1} \sin(10{,}5 \text{ s}^{-1} t)$

mit

$v(t_1) = 32 \text{ cm s}^{-1}$

folgt

$32 \text{ cm s}^{-1} = 36 \text{ cm s}^{-1} \sin(10{,}5 \text{ s}^{-1} t_1)$

$t_1 = 0{,}1 \text{ s}$

f) Es gilt:

$$F(t) = ma(t),$$

mit

$$a(t) = A\omega^2 \cos(\omega t)$$

folgt

$$F(t) = mA\omega^2 \cos(\omega t)$$

Für $t_1 = 0,1$ s ergibt sich die Kraft

$$F(0,1\,\text{s}) = 0,550\,\text{kg} \cdot 3,4\,\text{cm} \cdot \frac{4\pi^2}{(0,6\,\text{s})^2} \cdot \cos\left(\frac{2\pi}{0,6\,\text{s}} \cdot 0,1\,\text{s}\right)$$

$F(0,1\,\text{s}) = 1,0\,\text{N}$

g) $s_2 = s(t_2) = -A\cos(\omega t_2)$ (1)
$v_2 = v(t_2) = A\omega\sin(\omega t_2)$ (2)

mit

$$E_p = E_k$$

folgt

$$\tfrac{1}{2}D\,s_2^2 = \tfrac{1}{2}mv_2^2 \qquad (3)$$

(1) und (2) eingesetzt in (3) ergibt:

$$\tfrac{1}{2}D \cdot A^2 \cos^2(\omega t_2) = \tfrac{1}{2}mA^2\omega^2 \sin^2(\omega t_2);$$

mit

$$m\omega^2 = D$$

folgt

$$\frac{\sin^2(\omega t_2)}{\cos^2(\omega t_2)} = 1$$

oder

$$\tan^2(\omega t_2) = 1$$
$$\tan^2(10,5\,\text{s}^{-1}\,t_2) = 1$$
$$t_2 = 0,075\,\text{s}\left(= \tfrac{T}{8}\right)$$
$$s(0,075\,\text{s}) = -3,4\,\text{cm} \cdot \cos(10,5\,\text{s}^{-1} \cdot 0,075\,\text{s})$$
$$\mathbf{s_2 = -2,4\,\text{cm}}$$

17. a) Es gilt:

$s(t) = -A \sin(\omega t)$

bzw.

$$s(t) = -12,0 \text{ cm} \cdot \sin\left(\frac{2\pi}{1,5 \text{ s}} t\right)$$

$$s(0,8 \text{ s}) = -12,0 \text{ cm} \cdot \sin\left(\frac{2\pi}{1,5 \text{ s}} \cdot 0,8 \text{ s}\right)$$

$$\mathbf{s(0,8 \text{ s}) = 2,5 \text{ cm}}$$

mit

$s(t_1) = -9,0 \text{ cm}$

und

$$s(t_1) = -12,0 \text{ cm} \cdot \sin\left(\frac{2\pi}{1,5 \text{ s}} t_1\right)$$

folgt

$$-9,0 \text{ cm} = -12,0 \text{ cm} \cdot \sin\left(\frac{2\pi}{1,5 \text{ s}} t_1\right)$$

d. h.

$$\mathbf{t_1 = 0,2 \text{ s}}$$

b) Es gilt:

$v(t) = -A\,\omega \cos(\omega t)$

bzw.

$$v(t) = -50,3 \text{ cm s}^{-1} \cdot \cos\left(\frac{2\pi}{1,5 \text{ s}} \cdot t\right)$$

Berechnung:

$$v(0,8 \text{ s}) = -50,3 \text{ cm s}^{-1} \cdot \cos\left(\frac{2\pi}{1,5 \text{ s}} \cdot 0,8 \text{ s}\right)$$

$$\mathbf{v(0,8 \text{ s}) = 49,2 \text{ cm s}^{-1}}$$

Der Körper erreicht zum ersten Mal die Geschwindigkeit $v = 40,0 \text{ cm s}^{-1}$ zur Zeit t_1.

Es gilt:

$$40,0 \text{ cm s}^{-1} = -50,3 \text{ cm s}^{-1} \cdot \cos\left(\frac{2\pi}{1,5 \text{ s}} \cdot t_1\right)$$

bzw.

$$\mathbf{t_1 = 0,6 \text{ s}}$$

Der Körper erreicht zum zweiten Mal die Geschwindigkeit $v = 40,0$ cm s^{-1} zur Zeit t_2.

Es gilt:

$$t_2 = T - t_1$$

bzw.

$$t_2 = 1,5\,\text{s} - 0,6\,\text{s}$$

d. h.

$$\boldsymbol{t_2 = 0,9\,\text{s}}$$

c) Es gilt: $E_{\text{p}}(t) = \frac{1}{2} m \left(\frac{2\pi}{T}\right)^2 \cdot A^2 \cdot \sin^2\left(\frac{2\pi}{T} \cdot t\right)$

somit

$$E_{\text{p}}(0,8\,\text{s}) = \frac{1}{2} \cdot 0,450\,\text{kg} \cdot \left(\frac{2 \cdot 3,14}{1,5\,\text{s}}\right)^2 (12,0 \cdot 10^{-2}\,\text{m})^2 \cdot \sin^2\left(\frac{2\pi}{1,5\,\text{s}} \cdot 0,8\,\text{s}\right)$$

$$\boldsymbol{E_{\text{p}}(0,8\,\text{s}) = 2,5 \cdot 10^{-3}\,\text{J}}$$

Es gilt:

$$E_{\text{k}}(0,8\,\text{s}) = E_{\text{Ges}} - E_{\text{p}}(0,8\,\text{s})$$

bzw.

$$E_{\text{k}}(0,8\,\text{s}) = \frac{1}{2} m \left(\frac{2\pi}{T}\right)^2 \cdot A^2 - E_{\text{p}}(0,8\,\text{s})$$

$$E_{\text{k}}(0,8\,\text{s}) = \frac{1}{2} \cdot 0,450\,\text{kg} \cdot \left(\frac{2\pi}{1,5\,\text{s}}\right)^2 (12,0 \cdot 10^{-2}\,\text{m})^2 - 2,5 \cdot 10^{-3}\,\text{J}$$

$$E_{\text{k}}(0,8\,\text{s}) = 56,8 \cdot 10^{-3}\,\text{J} - 2,5 \cdot 10^{-3}\,\text{J}$$

$$\boldsymbol{E_{\text{k}}(0,8\,\text{s}) = 54,3 \cdot 10^{-3}\,\text{J}}$$

18. a) Es gilt

$$E_{\text{Ges}} = E_{\text{p}_{\text{max}}}$$

d. h.

$$\boldsymbol{E_{\text{Ges}}(A) = \frac{1}{2} D A^2}$$

b) $E_{\text{Ges}}(A) = \frac{1}{2} D A^2$

    $E_{\text{Ges}}(A) = \frac{1}{2} \cdot 20,0 \frac{\text{N}}{\text{m}} \cdot A^2$

    $\mathbf{E_{\text{Ges}}(A) = 10,0 \frac{\text{N}}{\text{m}} \cdot A^2}$

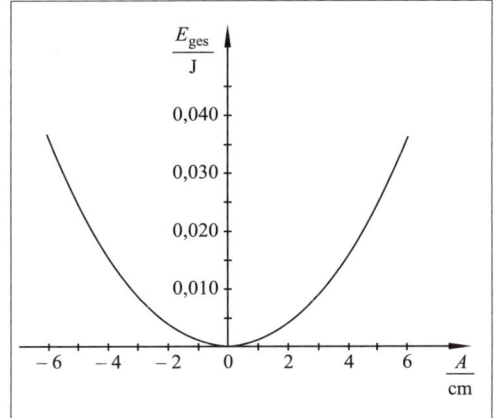

A in cm	0	± 1	± 2	± 3	± 4	± 5
E_{Ges} in J	0	0,001	0,004	0,009	0,016	0,025

c) $E_{\text{Ges}} = E_{\text{p}}(s) + E_{\text{k}}(s)$

    $E_{\text{k}}(s) = E_{\text{Ges}} - E_{\text{p}}(s)$

mit

$E_{\text{Ges}} = E_{\text{Ges}}(A_1) = 9,0 \cdot 10^{-3}\,\text{J}$

und

$E_{\text{p}}(s) = \frac{1}{2} D\, s^2 = 10,0\;\text{Nm}^{-1} \cdot s^2$

folgt

$E_{\text{k}}(s) = 9,0 \cdot 10^{-3}\,\text{J} - 10,0\;\text{Nm}^{-1} s^2$

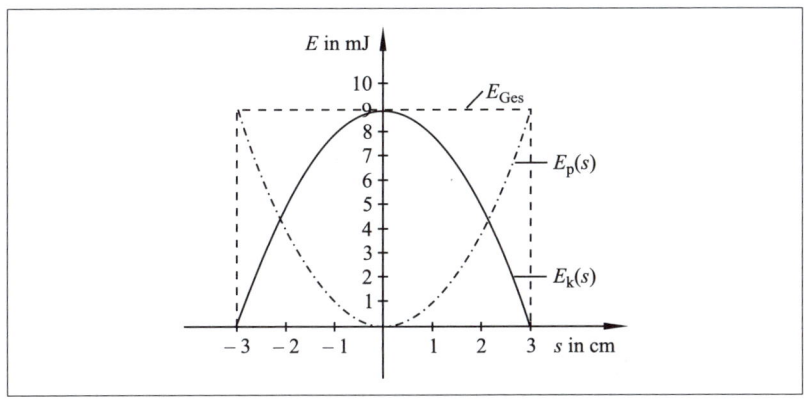

s in cm	0	± 1	± 2	± 3
$E_p(s)$ in mJ	0	1,0	4,0	9,0
$E_k(s)$ in mJ	9,0	8,0	5,0	0,0

d) Es gilt:

$$E_{Ges} = E_p + E_k$$

mit

$$E_k = E_p$$

ergibt sich

$$E_{Ges} = 2 \cdot E_p$$

mit

$$E_{Ges} = \frac{1}{2} D A^2$$

und

$$E_p = \frac{1}{2} D s_1^2$$

folgt

$$\frac{1}{2} D A^2 = 2 \cdot \frac{1}{2} D s_1^2$$

$$s_1 = \pm A \sqrt{\frac{1}{2}}$$

$$s_1 = \pm 3,0 \cdot 10^{-2} \, \text{m} \cdot \frac{1}{2} \sqrt{2}$$

$$\mathbf{s_1 = 2,1 \cdot 10^{-2} \, m}$$

19. Es gilt:

$$f_0 = \frac{1}{2\pi} \sqrt{\frac{D}{m}}$$

Somit folgt

$$D = f_0^2 \cdot 4\pi^2 \cdot m$$

$$D = (1,0 \, \text{s}^{-1})^2 \, 4 \cdot \pi^2 \cdot 764,5 \, \text{kg}$$

$$D = 3,0 \cdot 10^4 \, \frac{\text{kg}}{\text{s}^2}$$

oder:

$$D = 3,0 \cdot 10^4 \, \frac{\text{N}}{\text{m}}.$$

Die Gesamtmasse ergibt sich zu

$$m_{Ges} = \frac{7500 \, \text{N} + 5 \cdot 750 \, \text{N}}{9,81 \, \text{ms}^{-2}}$$

$$m_{Ges} = 1,2 \cdot 10^3 \, \text{kg}$$

Für die Schwingungsdauer T folgt

$$T = 2\pi \sqrt{\frac{m}{D}}$$

$$T = 2\pi \sqrt{\frac{1{,}2 \cdot 10^3 \, \text{kg}}{3{,}0 \cdot 10^4 \, \text{Nm}^{-1}}}$$

$$\boldsymbol{T = 1{,}3 \, \text{s}}$$

20. a) Es gilt

$$D = \frac{F_G}{x}$$

$$D = \frac{1200 \, \text{N}}{1{,}5 \cdot 10^{-3} \, \text{m}}$$

$$\boldsymbol{D = 8{,}0 \cdot 10^5 \, \frac{\text{N}}{\text{m}}}$$

b) Für die Schwingungsdauer T folgt

$$T = 2\pi \sqrt{\frac{m}{D}}$$

$$T = 2\pi \sqrt{\frac{1200 \, \text{N}}{9{,}81 \, \text{ms}^{-2} \cdot 8{,}0 \cdot 10^5 \, \text{Nm}^{-1}}}$$

$$\boldsymbol{T = 7{,}8 \cdot 10^{-2} \, \text{s}}$$

c) Es gilt für die kritische Drehzahl n pro Minute

$$n = \frac{60 \, \text{s}}{T}$$

$$n = \frac{60 \, \text{s}}{7{,}8 \cdot 10^{-2} \, \text{s}}$$

$$\boldsymbol{n = 769}$$

21. a) Für die Federkonstante D_A der Anordnung gilt

$$D_A = \frac{F}{s}$$

$$D_A = \frac{1{,}5 \, \text{N}}{0{,}05 \, \text{m}}$$

$$D_A = 30{,}0 \, \text{Nm}^{-1}$$

Es handelt sich in diesem Fall um eine Parallelschaltung von Federn (Erreger ruht). Es gilt deshalb

$$D_A = D + D$$

d. h.

$$D = \tfrac{1}{2} D_A$$

somit

$$D = 15{,}0 \, \text{Nm}^{-1}$$

b) Es handelt sich in diesem Fall um eine Reihenschaltung von Federn (Erreger in Bewegung). Es gilt deshalb

$$\frac{1}{D^*} = \frac{1}{D} + \frac{1}{D}$$

oder

$$D^* = \frac{1}{2}D$$

$$D^* = \frac{1}{2} \cdot 15,0 \; \text{Nm}^{-1}$$

$$D^* = 7,5 \; \text{Nm}^{-1}$$

c) Nach der Teilaufgabe b gilt für die Eigenfrequenz f_0

$$f_0 = \frac{1}{2\pi} \sqrt{\frac{D^*}{m}}$$

$$f_0 = \frac{1}{2\pi} \sqrt{\frac{7,5 \; \text{Nm}^{-1}}{0,050 \, \text{kg}}}$$

$$\boldsymbol{f_0 = 1,95 \; \text{Hz}}$$

f	$0 < f < f_0$	$f = f_0$	$f_0 < f < 8,0 \; \text{Hz}$
A	Zunahme der Amplitude	maximale Amplitude	Abnahme der Amplitude
$\Delta\varphi$	$0 < \Delta\varphi < \frac{\pi}{2}$	$\Delta\varphi = \frac{\pi}{2}$	$\frac{\pi}{2} < \Delta\varphi < \pi$

22. Der Kraftstoß $F \cdot \Delta t$ berechnet sich zu

$$F \cdot \Delta t = m \cdot \Delta v$$

mit

$$\Delta v = v - 0$$

folgt

$$F \cdot \Delta t = m \cdot v$$

$$F \cdot \Delta t = 1,2 \cdot 10^3 \, \text{kg} \cdot \frac{126}{3,6} \frac{\text{m}}{\text{s}}$$

$$F \cdot \Delta t = 4,2 \cdot 10^4 \, \frac{\text{kg m}}{\text{s}}$$

$$\boldsymbol{F \cdot \Delta t = 4,2 \cdot 10^4 \; \text{Ns}}$$

Mittlere Kraft

$$F = \frac{m \cdot v}{\Delta t}$$

$$F = \frac{4,2 \cdot 10^4 \; \text{Ns}}{0,2 \, \text{s}}$$

$$\boldsymbol{F = 2,1 \cdot 10^5 \; \text{N}}$$

23. a) Vor dem Abheben der Rakete besteht ein Kräftegleichgewicht

$$F_1 = F_G$$
$$F_1 = m_R \cdot g$$
$$F_1 = 250 \cdot 10^3 \, kg \cdot 9{,}81 \, \frac{m}{s^2}$$
$$\boldsymbol{F_1 = 2{,}45 \cdot 10^6 \, N}$$

b) Nach dem 3. Newton'schen Gesetz wirkt auf die ausströmende Gasmasse die Kraft F_{VGas} als actio und auf die Rakete die Schubkraft F_2 als reactio.

Es gilt:
$$F_2 = F_{VGas}.$$
mit
$$F_{VGas} = \frac{\Delta p}{\Delta t}$$
und
$$\Delta p = m_{VGas} \cdot v - 0$$
folgt:
$$F_2 = \frac{m_{VGas} \cdot v}{\Delta t}$$
$$F_2 = \frac{850 \, kg \cdot 3{,}5 \cdot 10^3 \, m \, s^{-1}}{1{,}0 \, s}$$
$$F_2 = 2{,}98 \cdot 10^6 \, N$$

Für die beschleunigende Kraft F_a gilt:
$$F_a = F_2 - F_G$$
$$m_R \cdot a = F_2 - F_G$$
$$a = \frac{F_2}{m_R} - g$$
$$a = \frac{850 \, kg \cdot 3{,}5 \cdot 10^3 \, m \, s^{-1}}{1{,}0 \, s \cdot 250 \cdot 10^3 \, kg} - 9{,}81 \, \frac{m}{s^2}$$
$$\boldsymbol{a = 2{,}09 \, \frac{m}{s^2}}$$

24. Ruht ein Körper K, bevor er hochgeworfen wird, hat er den Impuls null. Um die Abwurfgeschwindigkeit $\vec{v}_0$ zu erreichen, muss der Körper senkrecht nach oben beschleunigt werden. Dazu muss dem Körper der Masse m ein Kraftstoß $F \cdot \Delta t$ erteilt werden.

Es gilt:

$F \cdot \Delta t = \Delta p$

mit

$\Delta p = m \cdot (v_0 - 0)$

folgt

$\Delta p = m \cdot v_0$

Beim Abwurf hat der Körper somit den Impuls $p_k = m \cdot v_0$.

Der Wechselwirkungspartner beim Beschleunigungsvorgang des Körpers ist die Erde. Sie bekommt den gegengleichen Impuls p_E erteilt.

Die Geschwindigkeit v_E der Erde ist aber wegen der sehr großen Erdmasse ($m_E \approx 6 \cdot 10^{24}$ kg) unmerklich klein.

Es gilt

$p_k = -p_E$ bzw. $p_k + p_E = 0,$

d. h. die Summe der beiden Impulse ist vor und nach dem Abwurf gleich null.

Bewegt sich der Körper von der Abwurfstelle weg nach oben, so wird er langsamer, weil die Erde die Gravitationskraft $\vec{F}_G$ auf ihn ausübt. Der Impuls des Körpers nimmt somit ab. So hat der Körper K bei der Geschwindigkeit $v < v_0$ den Impuls $p'_k = m \cdot v < p_k$.

Nach dem 3. Newton'schen Gesetz zieht auch der Körper die Erde an. Die Erde wird deshalb ebenfalls langsamer und verliert genau den gleichen Impuls wie der Körper. Somit gilt wieder $p'_k + p'_E = 0$.

Im höchsten Punkt der Wurfbewegung ist die Geschwindigkeit des Körpers null. Somit ist auch sein Impuls null. Entsprechend hat sich die Geschwindigkeit der Erde und somit ihr Impuls auf null verringert. Fällt der Körper wieder zu Boden, so nimmt sein Impuls ständig zu. Die Erde bekommt dabei den gegengleichen Impuls erteilt.

Der Gesamtimpuls des abgeschlossenen Systems Erde-Körper ist also stets null.

25. a) Da der Gesamtimpuls vor dem Abschuss des Geschosses null ist, muss er auch nach dem Abschuss den Wert null haben.

Somit gilt:

$m_1 \cdot v_{\text{Geschoss}} + m_2 \cdot v_{\text{Rück}} = 0$

oder

$$v_{\text{Rück}} = -\frac{m_1 \cdot v_{\text{Geschoss}}}{m_2}$$

$$v_{\text{Rück}} = -\frac{15 \cdot 10^{-3}\,\text{kg} \cdot 900\,\frac{\text{m}}{\text{s}}}{3{,}0\,\text{kg}}$$

$$\mathbf{v_{\text{Rück}} = -4{,}5\,\frac{\text{m}}{\text{s}}}$$

b) Es gilt:

$$F_{\text{Rück}} \cdot \Delta t = \Delta p$$

$$F_{\text{Rück}} \cdot \Delta t = m_2 \cdot (v_{\text{Rück}} - 0)$$

$$F_{\text{Rück}} \cdot \Delta t = m_2 \cdot v_{\text{Rück}}$$

$$F_{\text{Rück}} = \frac{m_2 \cdot v_{\text{Rück}}}{\Delta t}$$

$$F_{\text{Rück}} = \frac{3{,}0 \, \text{kg} \cdot \left(-4{,}5 \, \frac{m}{s}\right)}{0{,}2 \, \text{s}}$$

$$\boldsymbol{F_{\text{Rück}} = -67{,}5 \, \text{N}}$$

26. a) Da bei einem Sprung von hinten die Person und der Wagen die gleiche Bewegungsrichtung haben, gilt für den Gesamtimpuls vor dem Sprung:

$$p_{\text{vorher}} = m_w \cdot v_w + m_p \cdot v_p$$

Nach dem Absprung auf den Wagen bewegen sich beide mit der Geschwindigkeit v_a weiter. Für den Gesamtimpuls gilt nach dem Sprung:

$$p_{\text{nachher}} = (m_w + m_p) \cdot v_a$$

Mit dem Impulserhaltungssatz folgt:

$$p_{\text{vorher}} = p_{\text{nachher}}$$

$$m_w \cdot v_w + m_p \cdot v_p = (m_w + m_p) \cdot v_a$$

$$v_a = \frac{m_w \cdot v_w + m_p \cdot v_p}{m_w + m_p}$$

$$v_a = \frac{100{,}0 \, \text{kg} \cdot \frac{12{,}0 \, \text{m}}{3{,}6 \, \text{s}} + 72{,}0 \, \text{kg} \cdot \frac{18{,}0 \, \text{m}}{3{,}6 \, \text{s}}}{100{,}0 \, \text{kg} + 72{,}0 \, \text{kg}}$$

$$\boldsymbol{v_a = 4{,}03 \, \frac{m}{s}}$$

b) Da bei einem Sprung in Gegenrichtung die Person und der Wagen entgegengesetzte Bewegungsrichtung haben, gilt für den Gesamtimpuls vor dem Sprung:

$$p_{\text{vorher}} = m_w \cdot v_w - m_p \cdot v_p$$

Nach dem Absprung auf den Wagen bewegen sich beide mit der Geschwindigkeit v_b weiter. Für den Gesamtimpuls gilt nach dem Sprung:

$$p_{\text{nachher}} = (m_w + m_p) \cdot v_b$$

Mit dem Impulserhaltungssatz folgt:

$$p_{\text{vorher}} = p_{\text{nachher}}$$
$$m_{\text{w}} \cdot v_{\text{w}} - m_{\text{p}} \cdot v_{\text{p}} = (m_{\text{w}} + m_{\text{p}}) \cdot v_{\text{a}}$$
$$v_{\text{b}} = \frac{m_{\text{w}} \cdot v_{\text{w}} - m_{\text{p}} \cdot v_{\text{p}}}{m_{\text{w}} + m_{\text{p}}}$$
$$v_{\text{b}} = \frac{100{,}0 \text{ kg} \cdot \frac{12{,}0}{3{,}6} \frac{\text{m}}{\text{s}} - 72{,}0 \text{ kg} \cdot \frac{18{,}0}{3{,}6} \frac{\text{m}}{\text{s}}}{100{,}0 \text{ kg} + 72{,}0 \text{ kg}}$$
$$\boldsymbol{v_{\text{b}} = -0{,}16 \frac{\text{m}}{\text{s}}}$$

Der Wagen ändert nach dem Aufsprung seine Bewegungsrichtung.

27. a) Es handelt sich hierbei um einen unelastischen Stoß:
Es gilt:

$$u = \frac{m_{\text{w}} \cdot v_{\text{w}} + 2 m_{\text{w}} \cdot 0}{m_{\text{w}} + 2 m_{\text{w}}}$$
$$u = \frac{v_{\text{w}}}{3}$$
$$u = \frac{12{,}0 \frac{\text{km}}{\text{h}}}{3}$$
$$\boldsymbol{u = 4{,}0 \frac{\text{km}}{\text{h}}}$$

b) Es gilt:

$$\Delta E = \frac{m_{\text{w}} \cdot 2 m_{\text{w}}}{2 \cdot (m_{\text{w}} + 2 m_{\text{w}})} \cdot (v_{\text{w}} - 0)^2$$

Bruchteil:

$$\frac{\Delta E}{E_{\text{k}}} = \frac{\frac{m_{\text{w}}}{3} \cdot v_w^2}{\frac{1}{2} \cdot m_{\text{w}} \cdot v_w^2}$$
$$\frac{\Delta E}{E_{\text{k}}} = \frac{2}{3}$$

28. a) $u = \dfrac{m_w \cdot v_1 + m_w \cdot v_2}{m_w + m_w}$

$u = \dfrac{1}{2} \cdot (v_1 + v_2)$ (u ist arithmetischer Mittelwert von v_1 und v_2)

$u = \dfrac{1}{2} \cdot \left(18{,}0 \dfrac{km}{h} + 6{,}0 \dfrac{km}{h}\right)$

$\mathbf{u = 12{,}0 \dfrac{km}{h}}$

  b) $\Delta E = \dfrac{m_w \cdot m_w}{2 \cdot (m_w + m_w)} \cdot (v_1^2 - v_2)^2$

$\Delta E = \dfrac{m_w}{4} \cdot (v_1 - v_2)^2$

Bruchteil:

$\dfrac{\Delta E}{E_k} = \dfrac{\frac{m_w}{4} \cdot (v_1 - v_2)^2}{\frac{1}{2} \cdot m_w (v_1^2 + v_2^2)}$

$\dfrac{\Delta E}{E_k} = \dfrac{1}{2} \cdot \dfrac{(v_1 - v_2)^2}{(v_1^2 + v_2^2)}$

$\dfrac{\Delta E}{E_k} = \dfrac{1}{2} \cdot \dfrac{\left(18{,}0 \frac{km}{h} - 6{,}0 \frac{km}{h}\right)^2}{\left(18{,}0 \frac{km}{h}\right)^2 + \left(6{,}0 \frac{km}{h}\right)^2}$

$\dfrac{\Delta E}{E_k} = \mathbf{20{,}0 \ \%}$

29. Mit dem Impulserhaltungssatz ergibt sich:

$p_{vorher} = p_{nachher}$

$m_G \cdot v_G = (m_k + m_G) \cdot u$

$v_G = \dfrac{m_k + m_G}{m_G} \cdot u$ (*)

Zur Berechnung der gemeinsamen Geschwindigkeit u wird der Energieerhaltungssatz bei der Pendelschwingung angewendet.

Es gilt:

$\dfrac{1}{2} \cdot (m_k + m_G) \cdot u^2 = (m_k + m_G) \cdot g \cdot h$

daraus folgt:

$u = \sqrt{2 \cdot g \cdot h}$ (**)

Mit dem Satz des Pythagoras ergibt sich für die Höhe h:

$$x^2 + (\ell - h)^2 = \ell^2$$
$$(\ell - h)^2 = \ell^2 - x^2$$
$$\ell - h = \underset{(-)}{+}\sqrt{\ell^2 - x^2} > 0$$
$$h = \ell - \sqrt{\ell^2 - x^2}$$
$$h = 1,00\,\text{m} - \sqrt{(1,00\,\text{m})^2 - (0,32\,\text{m})^2}$$
$$h = 0,053\,\text{m} \qquad \text{eingesetzt in (**) ergibt:}$$

$$u = \sqrt{2 \cdot 9,81\,\tfrac{\text{m}}{\text{s}^2} \cdot 0,053\,\text{m}}$$
$$u = 1,020\,\tfrac{\text{m}}{\text{s}} \qquad \text{eingesetzt in (*) liefert:}$$
$$v_\text{G} = \frac{0,150\,\text{kg} + 0,9 \cdot 10^{-3}\,\text{kg}}{0,9 \cdot 10^{-3}\,\text{kg}} \cdot 1,020\,\tfrac{\text{m}}{\text{s}}$$
$$\mathbf{v_\text{G} = 171,0\,\tfrac{m}{s}}$$

30. Auffahrunfall:

$$u = \frac{m_1 \cdot v_1 + m_2 \cdot v_2}{m_1 + m_2}$$
$$u = \frac{1,5 \cdot 10^3\,\text{kg} \cdot 40,0\,\tfrac{\text{m}}{\text{s}} + 0,9 \cdot 10^3\,\text{kg} \cdot 20,0\tfrac{\text{m}}{\text{s}}}{1,5 \cdot 10^3\,\text{kg} + 0,9 \cdot 10^3\,\text{kg}}$$
$$\mathbf{u = 32,5\,\tfrac{m}{s}}$$
$$\Delta E = \frac{m_1 \cdot m_2}{2 \cdot (m_1 + m_2)} \cdot (v_1 - v_2)^2$$
$$\Delta E = \frac{1,5 \cdot 10^3\,\text{kg} \cdot 0,9 \cdot 10^3\,\text{kg}}{2 \cdot (1,5 \cdot 10^3\,\text{kg} + 0,9 \cdot 10^3\,\text{kg})} \cdot \left(40,0\,\tfrac{\text{m}}{\text{s}} - 20,0\,\tfrac{\text{m}}{\text{s}}\right)^2$$
$$\mathbf{\Delta E = 1,1 \cdot 10^5\,J}$$

Frontalzusammenstoß:

$$u = \frac{m_1 \cdot v_1 - m_2 \cdot v_2}{m_1 + m_2}$$
$$u = \frac{1,5 \cdot 10^3\,\text{kg} \cdot 40,0\,\tfrac{\text{m}}{\text{s}} - 0,9 \cdot 10^3\,\text{kg} \cdot 20,0\tfrac{\text{m}}{\text{s}}}{1,5 \cdot 10^3\,\text{kg} + 0,9 \cdot 10^3\,\text{kg}}$$
$$\mathbf{u = 17,5\,\tfrac{m}{s}}$$
$$\Delta E = \frac{m_1 \cdot m_2}{2 \cdot (m_1 + m_2)} \cdot (v_1 + v_2)^2$$
$$\Delta E = \frac{1,5 \cdot 10^3\,\text{kg} \cdot 0,9 \cdot 10^3\,\text{kg}}{2 \cdot (1,5 \cdot 10^3\,\text{kg} + 0,9 \cdot 10^3\,\text{kg})} \cdot \left(40,0\,\tfrac{\text{m}}{\text{s}} + 20,0\,\tfrac{\text{m}}{\text{s}}\right)^2$$
$$\mathbf{\Delta E = 1,0 \cdot 10^6\,J}$$

31. a) Allgemein gilt für den elastischen Stoß:

$$u_1 = \frac{(m_1 - m_2)v_1 + 2m_2v_2}{m_1 + m_2}$$

mit

$m_1 = m_N, m_2 = 12m_N, v_2 = 0$
und
$u_1 = u_N$

ergibt sich

$$u_N = \frac{(m_N - 12\,m_N)v_1 + 2 \cdot 12\,m_N \cdot 0}{m_N + 12\,m_N}$$

$$u_N = \frac{-11\,m_N \cdot v_1}{13\,m_N}$$

$$\boldsymbol{u_N = -\frac{11}{13}v_1}$$

Ebenso gilt:

$$u_2 = \frac{(m_2 - m_1)v_2 + 2m_1v_1}{m_1 + m_2}$$

mit

$m_1 = m_N, m_2 = 12m_N, v_2 = 0$
und
$u_2 = u_C$

ergibt sich

$$u_C = \frac{(12\,m_N - m_N) \cdot 0 + 2\,m_N \cdot v_1}{m_N + 12\,m_N}$$

$$u_C = \frac{2\,m_N \cdot v_1}{13\,m_N}$$

$$\boldsymbol{u_C = \frac{2}{13}v_1}$$

b) Für die prozentuale Änderung der kinetischen Energie des Neutrons gilt:

$$\frac{|\Delta E|}{\Delta E_k} = \frac{\left|\frac{1}{2}m_N u_N^2 - \frac{1}{2}m_N v_1^2\right|}{\frac{1}{2}m_N v_1^2}$$

$$\frac{|\Delta E|}{\Delta E_k} = \frac{\left|\left(-\frac{11}{13}v_1\right)^2 - v_1^2\right|}{v_1^2}$$

$$\frac{|\Delta E|}{\Delta E_k} = \left|\frac{121}{169} - 1\right|$$

$$\frac{|\Delta E|}{\Delta E_k} = |-0,284|$$

$$\boldsymbol{\frac{|\Delta E|}{\Delta E_k} = 28,4\,\%}$$

32. Für den elastischen Stoß gilt:

$$u_1 = \frac{(m_1 - m_2)v_1 + 2m_2v_2}{m_1 + m_2}$$

Für die Wand gilt $v_2 = 0$ und $u_2 = 0$
Somit folgt:

$$u_1 = \frac{(m_1 - m_2)v_1}{m_1 + m_2}$$

Diese Gleichung wird zweckmäßigerweise umgeformt

$$u_1 = \frac{\left(\frac{m_1}{m_2} - 1\right)v_1}{\frac{m_1}{m_2} + 1}$$

Betrachtet man die feste Wand im Vergleich zum Tennisball als sehr große Masse, so wird der Quotient $\frac{m_1}{m_2}$ vernachlässigbar klein und kann deshalb zu null gesetzt werden. Es ergibt sich

$$u_1 = \frac{(0 - 1)v_1}{0 + 1}$$

$$u_1 = -v_1$$

Der Tennisball ändert beim Stoßvorgang seine Bewegungsrichtung (er wird reflektiert).

Ihre Meinung ist uns wichtig!

Ihre Anregungen sind uns immer willkommen. Bitte informieren Sie uns mit diesem Schein über Ihre Verbesserungsvorschläge!

Titel-Nr.	Seite	Vorschlag

Die echten Hilfen zum Lernen... **STARK**

16-V1T

Zutreffendes bitte ankreuzen!

Die Absenderin/der Absender ist:

Lehrer/in in den Klassenstufen:

☐ Fachbetreuer/in
  Fächer:
☐ Seminarlehrer/in
  Fächer:
☐ Regierungsfachberater/in
  Fächer:
☐ Oberstufenbetreuer/in

☐ Schulleiter/in
☐ Referendar/in, Termin 2. Staats-
  examen:
☐ Leiter/in Lehrerbibliothek
☐ Leiter/in Schülerbibliothek
☐ Sekretariat
☐ Eltern
☐ Schüler/in, Klasse:
☐ Sonstiges:

Unterrichtsfächer: (Bei Lehrkräften!)

**STARK Verlag
Postfach 1852
85318 Freising**

Kennen Sie Ihre Kundennummer?
Bitte hier eintragen.

Absender (Bitte in Druckbuchstaben)

Name/Vorname

Straße/Nr.

PLZ/Ort

Telefon privat   **Geburtsjahr**

E-Mail-Adresse

Schule/Schulstempel (Bitte immer angeben!)